小龍江恩
經濟周期專家
誠意推薦

八字與我

洞悉先機

「如彼雨雪，先集維霰。」說明能從細微變化中看穿未來走勢的人，才能洞悉眼前的機遇。

知所進退

人貴有自知之明，審時度勢，分寸把握得當，進退有度，才是真正的人生。

林燁 著

名人推薦

小龍江恩。經濟周期專家
本書正是以「授人以魚，不如授之以漁。」一宗旨教授。

劉君明博士
懂起盤不懂解讀有何用！此書必可提升大家分析技巧！

曹志廣教授
精要教授，無多餘廢話，絕對值得藏閱。

懂得捉緊八字重點，才可精準推判未來

命中八字不只能窺洩先機
其探研理論更是穩實多元化
是開啟生活及命理寶藏之鑰

知「先天命」才能掌握「地天運」

本書以淺白易明的教學方式編排，讓一些想學八字的人，能夠按部就班、循序漸進的學準八字！

目錄

序／9
自序／10
基礎篇／13
第一章　天干和地支的奧秘……14
第二章　多功能的十二地支……19
第三章　五行生剋和干支的沖合刑破害……23
第四章　五行生剋與干支沖合刑影響……29
第五章　利用 apps 排出自己的八字……37
第六章　四柱八字逐格解……46

十天干篇／53

第七章　日元甲木的特性……54
第八章　日元乙木的特性……61
第九章　日元丙火的特性……68
第十章　日元丁火的特性……75
第十一章　日元戊土的特性……82
第十二章　日元己土的特性……89
第十三章　日元庚金的特性……96
第十四章　日元辛金的特性……104
第十五章　日元壬水的特性……110
第十六章　日元癸水的特性……117

十二生肖篇／125

第十七章　論肖鼠者……126
第十八章　論肖牛者……132
第十九章　論肖虎者……139
第二十章　論肖兔者……145
第二十一章　論肖龍者……151
第二十二章　論肖蛇者……157
第二十三章　論肖馬者……164
第二十四章　論肖羊者……170
第二十五章　論肖猴者……177
第二十六章　論肖雞者……183
第二十七章　論肖狗者……189

第二十八章　論肖豬者……195

實際應用篇／201

第二十九章　立春日與犯太歲及沖太歲……202
第三十章　八字碰上沖刑時的影響……208
第三十一章　八字與大運的關係……212
第三十二章　身體欠佳的八字特徵……219
第三十三章　婚姻不穩的八字特徵……237
第三十四章　有婚外情的八字特徵……248
第三十五章　難以生育子女的八字特徵……255
第三十六章　女性難出嫁的八字特徵……264
第三十七章　男性難娶妻的八字特徵……270

第三十八章　事業反覆的八字特徵……279
第三十九章　晚年不能依靠子女的八字特徵……285
第四十章　晚年孤獨的八字特徵……300
後記／316

序

榮幸向您推薦這本關於玄學的書籍。在現代社會中，人們越來越關注自己的命運和未來，並且希望找到一種科學而有效的方式來改善自己的生活和運勢。

這本書將為您揭示玄學的奧秘，讓您深入了解自己的命運和性格，以及如何利用風水和玄學的知識來改善自己的生活和事業。通過詳盡的解說和實例，您將學會如何根據自己的八字排盤，分析自己的吉凶祥煞，為自己的家庭和事業帶來好運。

這本書不僅是一本有用的參考書，也是一本極富啟發性的讀物。它將幫助您更深入地了解自己，發現自己的潛力和優點，並指導您在選擇生活方式和事業方向時做出更好的決定。

我相信這本書將成為您在玄學領域的重要參考資料，幫助您實現自己的理想和夢想。

小龍
劉君明

自序

二零二三癸卯年剛好是筆者走在人生道路上的第六十個寒暑，也是筆者接觸玄學的第四十個年頭。在玄學的眾多範疇中，筆者最愛子平命理，有感它好像一座寶山，不論何時何地，只要肯花時間在它身上轉一圈，它絕對不會令你空手而回，總會令你滿載而歸。

子平命理博大精深，浩瀚無垠。無數先賢後學窮一生之力都在鑽研它，他們發表的著作不計其數，簡直可以用「書海」來形容。古往今來的著作確實能讓讀者獲益良多，筆者也是受惠者之一。

筆者在想：現代人生活節奏急促，每天都在跟時間競賽，如果要花上十年八載才能學懂命理，這會令很多有意者卻步。倘若有一本書可以拋磚引玉，讓沒有命理基礎的讀者都可以在極速的時間內一窺奧秘，感受一下子平命理的威力，那該有多好啊！

基於此念，筆者開始着手撰寫此書，以簡潔易明為筆調，把一些可以類似「鐵口直斷」的命理規條總結出來，着墨於大眾感興趣的話題，適合任何沒有命理基礎的讀者閱讀，務求一看即懂，樂趣無窮。

是為序。撰於二零二三年春

基·礎·篇

第一章 天干和地支的奧秘

第1節．十天干

天干共有十個字，排列順序爲：

甲、乙、丙、丁、戊、己、庚、辛、壬、癸

每個天干都有自己專屬的五行及陰陽：

甲木，陽木，大林木

乙木，陰木，花草、攀藤植物

丙火，陽火，太陽

丁火，陰火，真火、燈光、星光

戊土，陽土，石頭

己土，陰土，濕泥

庚金，陽金，鋼鐵

辛金，陰金，飾金

壬水，陽水，江河

癸水，陰水，雨露

總結：

甲丙戊庚壬為陽干，以**丙**為陽中之陽，

乙丁己辛癸為陰干；以**癸**為陰中之陰。

第2節・十二地支

地支總共有十二個字，排列順序爲：

子、丑、寅、卯、辰、巳、午、未、申、酉、戌、亥。

每個地支都有自己專屬的五行及陰陽：

子水，陽水，但內藏的是癸水雨露

丑土，陰土，濕泥

寅木，陽木，大林木

卯木，陰木，花草

辰土，陽土，濕土

巳火，陰火，但內藏的是**丙火**陽光

午火，陽火，但內藏的是**丁火**真火

未土，陰土，燥土

申金，陽金，鋼鐵

酉金，陰金，飾金

戌土，陽土，燥土

亥水，陰水，但內藏的是壬水江河

子、寅、辰、午、申、戌同屬於陽支，以午為最陽；

丑、卯、巳、未、酉、亥同屬於陰支，以亥為最陰。

陰陽的主要分別：

陽：剛、健；

陰：柔、順。

第3節・六十甲子

天干與地支相配的方法是陽干配陽支，陰干配陰支，根據上述原則，十個天干配十二個地支合共得出六十個組合：

甲子、乙丑、丙寅、丁卯、戊辰、己巳、庚午、辛未、壬申、癸酉、

甲戌、乙亥、丙子、丁丑、戊寅、己卯、庚辰、辛巳、壬午、癸未、

甲申、乙酉、丙戌、丁亥、戊子、己丑、庚寅、辛卯、壬辰、癸巳、

甲午、乙未、丙申、丁酉、戊戌、己亥、庚子、辛丑、壬寅、癸卯、

甲辰、乙巳、丙午、丁未、戊申、己酉、庚戌、辛亥、壬子、癸丑、

甲寅、乙卯、丙辰、丁巳、戊午、己未、庚申、辛酉、壬戌，癸亥。

六十個組合從甲子開始，癸亥結束，之後又再從甲子開始循環不息，因此人們又將這個以六十年爲一個過程的週期稱爲「一個甲子」。

六十甲子中，以丙午為最陽，以癸亥為最陰。

第4節・子平八字學

每個人都可以根據自己出生的【年、月、日及時】從六十個組合中得到其中四個組合，俗稱「四柱八字」。

無數先賢們為這套學問作出了不少貢獻，其中宋代徐子平先生在三柱的基礎上添加時辰入命，蛻變為「四柱八字」，功能性大幅提升，人們為了紀念他，以「子平八字學」或「子平命理」來紀念他對八字命理學的貢獻。

隨著歷史的不斷發展，時至今日，以「子平命理」四柱作為工具的預測方法仍然是最具優勢的預測方法之一。

無數案例證明「四柱」預測有着非常高的準確度，這讓人們完全有理由相信，天干與地支超越了現代科學的先進知識，它隱藏着宇宙的秘密信息，隱藏着氣候變化的秘密過程，隱藏着人類生命的神祕密碼，隱藏着事物發展過程的神奇節奏。

第二章 多功能的十二地支

第1章・十二生肖

十二地支代表了很多信息，其中包括了十二生肖。

十二生肖代表如下：

【子：鼠】，【丑：牛】，【寅：虎】，【卯：兔】，【辰：龍】，【巳：蛇】

【午：馬】，【未：羊】，【申：猴】，【酉：雞】，【戌：狗】，【亥：豬】

第2節・十二月份

十二地支除了代表十二生肖外，它們還有另外一個角色，就是代表十二個農曆月份，但每個月份不是以初一開始的，而是以十二節令來劃分：

子月：十一月（以大雪劃分）
丑月：十二月（以小寒劃分）
寅月：正月（以立春劃分）
卯月：二月（以驚蟄劃分）
辰月：三月（以清明劃分）
巳月：四月（以立夏劃分）
午月：五月（以芒種劃分）
未月：六月（以小暑劃分）
申月：七月（以立秋劃分）
酉月：八月（以白露劃分）
戌月：九月（以寒露劃分）
亥月：十月（以立冬劃分）

第3節・十二個時辰

功能多樣化的地支還代表十二個時辰：

子：23:00-01:00
丑：01:00-03:00
寅：03:00-05:00
卯：05:00-07:00
辰：07:00-09:00
巳：09:00-11:00
午：11:00-13:00
未：13:00-15:00
申：15:00-17:00
酉：17:00-19:00
戌：19:00-21:00
亥：21:00-23:00

註：23:00-00:00為夜子，00:00-01:00為早子

第4節・四桃花、四長生和四墓庫

神祕的十二地支又被分為三組：

第一組：「子午卯酉」代表四桃花。

桃花代表容易受異性歡迎，代表為人開朗活潑、多嘴、易得人緣；又代表年輕、貌美、有活力、單純、易衝動，具有赤子之心，又代表孩童時期。

第二組：「寅申巳亥」代表四長生，又叫四驛馬。

四長生代表變化、波動、挫折，就像一匹馬一樣需要四處奔跑，為生活和目標而奮鬥，過程充滿挑戰性，所以又代表中年時期。

第三組：「辰戌丑未」代表四墓庫。

四墓庫有着安定、積存、收成、穩重、富裕的意思。

八字中多墓庫的人與地產物業特別有緣；它又代表一個人的晚年。

第三章 五行生剋和干支的沖合刑破害

這一章的內容較枯燥，大家暫時無需消化，在有需要的時候作為資料查閱便可。

第1節・五行生剋

五行相生

金生水，水生木，木生火，火生土，土生金，循環不息。

五行相剋

金剋木，木剋土，土剋水，水剋火，火剋金，循環不斷。

第2節・干支相沖

天干相沖

甲庚沖，乙辛沖，丙壬沖，丁癸沖，【戊己為中央土，不沖】

地支六沖

子午沖，丑未沖，寅申沖，卯酉沖，辰戌沖，巳亥沖

第3節・干支相合

天干相合

甲己合化土，乙庚合化金，丙辛合化水，丁壬合化木，戊癸合化火

地支六合

子丑合化土，寅亥合化木，卯戌合化火，

辰酉合化金，巳申合化水，午未合化火土

地支三合

申子辰三合水局，寅午戌三合火局，亥卯未三合木局，巳酉丑三合金局

一個三合局又可拆分成三個半合局：

申子半合水局，子辰半合水局，申辰拱水局
寅午半合火局，午戌半合火局，寅戌拱火局
亥卯半合木局，卯未半合木局，亥未拱木局
巳酉半合金局，酉丑半合金局，巳丑拱金局

地支三會

寅卯辰三會木局，巳午未三會火局，申酉戌三會金局，亥子丑三會水局

一個三會局又可以拆分為三個半會局：

寅卯半會木局，卯辰半會木局，寅辰半會木局

巳午半會火局，午未半會火局，巳未半會火局
申酉半會金局，酉戌半會金局，申戌半會金局
亥子半會水局，子丑半會水局，亥丑半會水局

總結：

1. 三會局的力量比三合局的力量大
2. 三合局的力量比六合的力量大
3. 半會局的力量大於半合局
4. 半合局的力量又大於六合

第4節．三刑與自刑

三刑

寅申巳三刑，丑未戌三刑

一個三刑又可以分成三個互刑

寅申互刑，申巳互刑，寅巳互刑

丑未互刑，未戌互刑，丑戌互刑

自刑

辰辰自刑，酉酉自刑，午午自刑，亥亥自刑

無禮之刑

子卯刑

第5章・地支相破

這是盲派命理才重視的用法，子平命理不理會相破，已經棄用。

地支相破：

子酉相破，卯午相破，辰丑相破，未戌相破，寅亥相破，巳申相破

盲派認為：

地支相破，代表互相破壞，有爭鬥、破壞、搗亂、衝突、內部產生矛盾等。

第6節・地支相害

地支相害也是盲派命理才重視的用法，子平命理不理會相害，已經棄用。

地支相害：

子未相害，丑午相害，寅巳相害，卯辰相害，申亥相害，酉戌相害。

盲派認為：

地支相害，威力相當於被人放暗戰，有是非、爭鬥、暗算、甚至令身體有傷殘。

第四章 五行生剋與干支沖合刑的影響

第1節・五行生剋的影響

五行相生的作用

五行相生是指木生火，火生土，土生金，金生水，水生木彼此之間有互相助長、互相促進之意。

五行相剋的影響

五行相剋是指金剋木，木剋土，土剋水，水剋火，火剋金彼此之間存在着互相剋制、互相制約的關係。

第2節・天干相沖的影響

天干相沖，尤如天戰。

天干相沖有甲庚沖、乙辛沖、丙壬沖、丁癸沖四組。

它們相沖是因為彼此是對立的關係，即金與木對立，水與火對立。

此外，沖者代表動也；動者代表變化也。

相沖的兩干，由於兩者尖銳對立，矛盾難以調和，其結果必然導致一方甚至是雙方有深度的損傷。

第3節・地支相沖的影響

地支相沖，尤如地戰。

地支相沖包括：子午沖、丑未沖、寅申沖、辰戌沖、卯酉沖、巳亥沖。

一般來說，地戰急如火，地支相沖比較麻煩，代表的意象要比天干相沖要複雜得多，原因是地支氣雜，不專一。

當兩支相沖，影響可以很大，涉及面可以很廣，甚至會帶來生死之災。就算是兩組墓庫相沖，例如辰戌沖和丑未沖，假如沖出來的庫氣是自己所需要的，在現實生活中仍然會表現為：動盪、變化、奔波和勞碌，只是在辛苦過後有所回報而已。

倘若沖出來的庫氣是自己不需要的，那麼便變成勞而不獲，令當事人十分洩氣，俗稱的所謂十分倒霉了。

第4節・地支相刑總論

刑者，最大的特色是代表不開心。

兩支相刑代表精神方面的壓力和挫折，情緒波動的幅度頗大，容易有情緒困擾，嚴重者會有精神病。如果不及時疏理，甚至會有自殘、自殺的傾向，不可不防。

第5節・子卯相刑的影響

子卯刑的影響大多表現為：

1. 脾氣不好
2. 沒有禮貌
3. 自視過高
4. 看到不喜歡的人會不瞅不睬
5. 吹毛求疵，總愛挑別人的毛病
6. 女命最容易翁姑不合
7. 懷孕者遇之，易損孕

第6節．自刑的影響

自刑總共有四個：

辰辰自刑、午午自刑、酉酉自刑、亥亥自刑。

凡是有自刑的人都有個毛病，就是喜歡胡思亂想，把小問題無限放大，凡事都喜歡追求完美，對人對己要求高，不自覺地把壓力加在自己身上和加在他人身上而不自知，造成人際關係緊張。

四種自刑的影響再細分如下：

辰辰自刑：

為人固執，原則性強，不喜歡別人左右自己，經常有懷才不遇之感，做事不能堅持到底，屬於鬱悶型。

午午自刑：

為人好勝心強，欠耐性，個性極端，健忘而不自知，只喜歡聽好說話，對於不合自己心意的事或人，馬上作出反應。

酉酉自刑：

經常自我矛盾，容易改變主意，喜歡把鬱結藏在內心深處，容易造成有憂鬱症。

亥亥自刑：

有事不說，容易心生悶氣，喜歡自我折磨，有點自閉，喜歡用紋身做發洩，嚴重者易有自殘傾向。

第7節・天干相合的意義

天干有五合：甲己合，乙庚合，丙辛合，丁壬合，戊癸合。

地支有六合：子丑合，寅亥合，卯戌合，辰酉合，巳申合，午未合。

相合的意義：

1. 有合作、結合、和諧、和好之意。
2. 代表彼此相互合得來，可以好好相處。
3. 也代表彼此之間有被綑綁、被羈絆之意。
4. 如果相合又化成另一種五行則代表該種五行力量的匯集與流通。
5. 天干相合而產生的現象是外人很容易看得到的。

6. 地支相合而產生的現象是身邊的人或近親才感受得到的。

備註：有用的五行最好不要被羈絆和綑綁。反之，沒有用的五行最好被綁被絆，令其不能動彈。

第8節・三合局的意義

地支一共有四個三合局：

申子辰三合水局，亥卯未三合木局，巳酉丑三合金局，寅午戌三合火局。

三合局是三者相聚而組成的一種力量，象徵社會關係中的聯朋結黨。

三合局的力量是很大的，如果要把它量化，那不是一加一加一等於三，而是三乘三乘三等於二十七，力量幾何級上升。

如果三合局中的五行是八字所喜，那麼好運如坐上火箭升空；反之，如果三合局中的五行是八字所忌，那麼便等於坐上火箭向地獄俯衝，破壞力驚人。

第9節・三會局的意義

地支一共有四個三會局：

寅卯辰三會木局，巳午未三會火局，申酉戌三會金局，亥子丑三會水局。

三會局和地支三合局的性質很像，也是三个地支團結在一起，會聚一方之秀氣。

三者同時出現時，會加強某一種五行的力量，令該種力量幾何級數上升，比三合局的力量來得更大和更明顯。

第五章 利用 apps 排出自己的八字

科技不斷在進步，現在要排出自己的八字是非常簡單的，無需要手持一本萬曆也可完成。

大家可以跟着以下的步驟便可以十分輕鬆地排出自己的八字了：

1. 到 apple store 或 Google pay 下載一個名為「論八字」的 apps

①

2. 先按一下 apps

②

i. 按一下選擇「男」或「女」

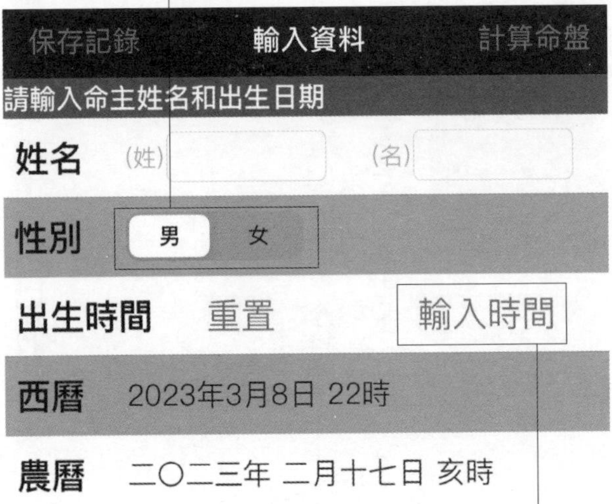

ii. 再按一下「輸入時間」
後得出以下畫面：

3 例如：2023年3月8日22:35

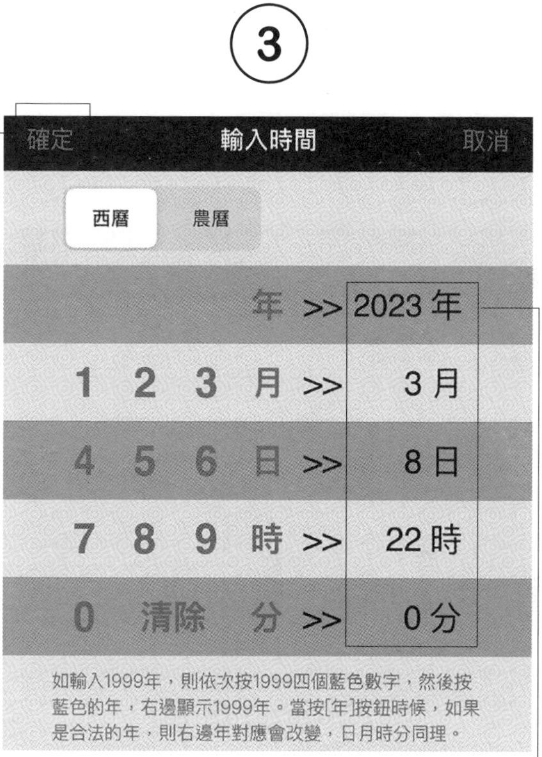

i. 按「2023」後按「年」
ii. 按「3」後按「月」
iii. 按「8」後按「日」
iv. 按「22」後按「時」
v. 按「35」後按「分」
vi. 最後按「確定」，然後在下一頁的右上角按「計算命盤」

4 再按左上角的「基本」，得到以下畫面：

④

按一下「基本」

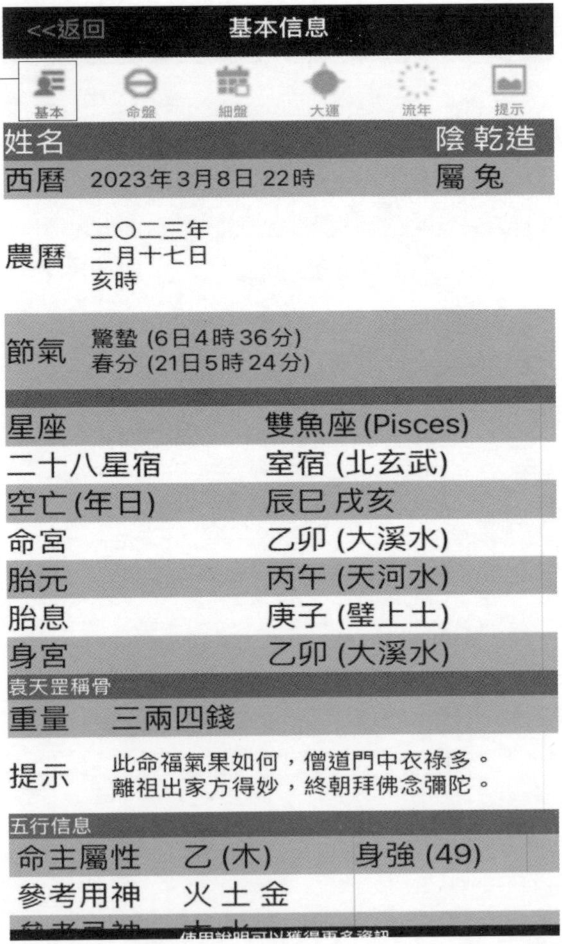

<<返回
基本信息
基本
命盤
細盤
大運
流年
提示
姓名 陰 乾造
西曆 2023年3月8日 22時 屬 兔
農曆 二〇二三年 二月十七日 亥時
節氣 驚蟄 (6日4時36分) 春分 (21日5時24分)
星座 雙魚座 (Pisces)
二十八星宿 室宿 (北玄武)
空亡(年日) 辰巳 戌亥
命宮 乙卯 (大溪水)
胎元 丙午 (天河水)
胎息 庚子 (璧上土)
身宮 乙卯 (大溪水)
袁天罡稱骨
重量 三兩四錢
提示 此命福氣果如何，僧道門中衣祿多。離祖出家方得妙，終朝拜佛念彌陀。
五行信息
命主屬性 乙 (木) 身強 (49)
參考用神 火 土 金

5 按一下頁頂上第二欄的「命盤」便會出現你的四柱（俗稱八字），如圖：

5

按一下「命盤」

時柱	日柱	月柱	年柱	日期
食神	元女	比肩	偏印	主星
丁	乙	乙	癸	天干
亥	丑	卯	卯	地支
壬水 甲木	己土 癸水 辛金	乙木	乙木	藏干
正印 劫財	偏財 偏印 七殺	比肩	比肩	副星

註：apps 中的四柱顯示不同的顏色，代表不同的五行：
藍色 = 水
綠色 = 木
紅色 = 火
啡色 = 土
黃色 = 金

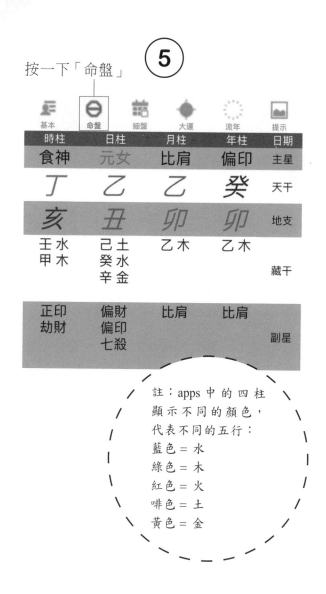

6 按一下「細盤」，便會出現下圖，顯示出你的八字、小運／大運和流年

6
按一下「細盤」
<<返回
細盤信息
基本
命盤
細盤
大運
流年
提示
【未起大運顯示小運，十步大運要打開設置】
日期 時柱 日柱 月柱 年柱 小運 流年
歲年
【點擊六柱干支可看提示】
1歲 2023
1歲 2023
天干 丁 食 乙 元女 乙 比 癸 梟 戊 財 癸
地支 亥 印劫 丑 才梟殺 卯 比 卯 比 子 梟 卯
流月干 甲 乙 丙 丁 戊 己 庚 辛 壬 癸 甲 乙
流月支 寅 卯 辰 巳 午 未 申 酉 戌 亥 子 丑
星運 死 衰 臨官 臨官 病 臨官
空亡 午未 戌亥 子丑 辰巳 午未 辰巳
【點擊大運和流年的干支可切換到上面】
1-9 10歲 20歲 30歲 40歲 50歲 60歲 70歲 80歲
2032 2042 2052 2062 2072 2082 2092 2102
大運 8 小運 丙辰 丁巳 戊午 己未 庚申 辛酉 壬戌 癸亥
2023 2024 2025 2026 2027 2028 2029 2030 2031
流年 癸卯 甲辰 乙巳 丙午 丁未 戊申 己酉 庚戌 辛亥
木旺 火相 水休 金囚 土死
【細盤六柱提示】

7 按一下頁頂上的「大運」，便顯示出你轉大運的歲數（每個人都不同的），如下圖：

⑦

按一下「大運」

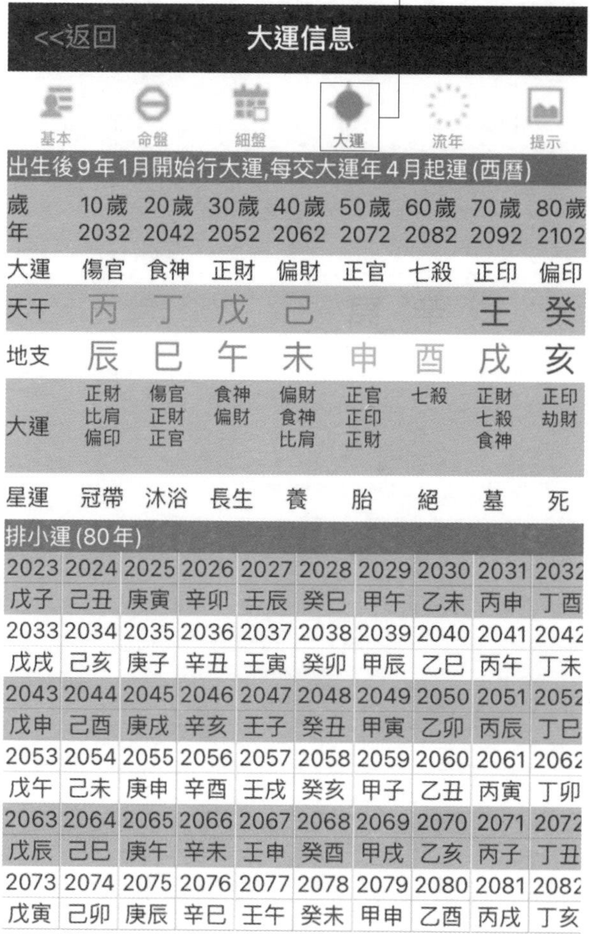

歲 年	10歲 2032	20歲 2042	30歲 2052	40歲 2062	50歲 2072	60歲 2082	70歲 2092	80歲 2102
大運	傷官	食神	正財	偏財	正官	七殺	正印	偏印
天干	丙	丁	戊	己			壬	癸
地支	辰	巳	午	未	申	酉	戌	亥
大運	正財 比肩 偏印	傷官 正財 正官	食神 偏財	偏財 食神 比肩	正官 正印 正財	七殺	正財 七殺 食神	正印 劫財
星運	冠帶	沐浴	長生	養	胎	絕	墓	死

排小運 (80年)

2023	2024	2025	2026	2027	2028	2029	2030	2031	2032
戊子	己丑	庚寅	辛卯	壬辰	癸巳	甲午	乙未	丙申	丁酉
2033	2034	2035	2036	2037	2038	2039	2040	2041	2042
戊戌	己亥	庚子	辛丑	壬寅	癸卯	甲辰	乙巳	丙午	丁未
2043	2044	2045	2046	2047	2048	2049	2050	2051	2052
戊申	己酉	庚戌	辛亥	壬子	癸丑	甲寅	乙卯	丙辰	丁巳
2053	2054	2055	2056	2057	2058	2059	2060	2061	2062
戊午	己未	庚申	辛酉	壬戌	癸亥	甲子	乙丑	丙寅	丁卯
2063	2064	2065	2066	2067	2068	2069	2070	2071	2072
戊辰	己巳	庚午	辛未	壬申	癸酉	甲戌	乙亥	丙子	丁丑
2073	2074	2075	2076	2077	2078	2079	2080	2081	2082
戊寅	己卯	庚辰	辛巳	壬午	癸未	甲申	乙酉	丙戌	丁亥

1歲 2023 癸卯 臨官	2歲 2024 甲辰 冠帶	3歲 2025 乙巳 沐浴	4歲 2026 丙午 長生	5歲 2027 丁未 養	6歲 2028 戊申 胎	7歲 2029 己酉 絕	8歲 2030 庚戌 墓	9歲 2031 辛亥 死	10歲 2032 壬子 病
11歲 2033 癸丑 衰	12歲 2034 甲寅 帝旺	13歲 2035 乙卯 臨官	14歲 2036 丙辰 冠帶	15歲 2037 丁巳 沐浴	16歲 2038 戊午 長生	17歲 2039 己未 養	18歲 2040 庚申 胎	19歲 2041 辛酉 絕	20歲 2042 壬戌 墓
21歲 2043 癸亥 死	22歲 2044 甲子 病	23歲 2045 乙丑 衰	24歲 2046 丙寅 帝旺	25歲 2047 丁卯 臨官	26歲 2048 戊辰 冠帶	27歲 2049 己巳 沐浴	28歲 2050 庚午 長生	29歲 2051 辛未 養	30歲 2052 壬申 胎
31歲 2053 癸酉 絕	32歲 2054 甲戌 墓	33歲 2055 乙亥 死	34歲 2056 丙子 病	35歲 2057 丁丑 衰	36歲 2058 戊寅 帝旺	37歲 2059 己卯 臨官	38歲 2060 庚辰 冠帶	39歲 2061 辛巳 沐浴	40歲 2062 壬午 長生
41歲 2063 癸未 養	42歲 2064 甲申 胎	43歲 2065 乙酉 絕	44歲 2066 丙戌 墓	45歲 2067 丁亥 死	46歲 2068 戊子 病	47歲 2069 己丑 衰	48歲 2070 庚寅 帝旺	49歲 2071 辛卯 臨官	50歲 2072 壬辰 冠帶
51歲 2073 癸巳 沐浴	52歲 2074 甲午 長生	53歲 2075 乙未 養	54歲 2076 丙申 胎	55歲 2077 丁酉 絕	56歲 2078 戊戌 墓	57歲 2079 己亥 死	58歲 2080 庚子 病	59歲 2081 辛丑 衰	60歲 2082 壬寅 帝旺
61歲 2083 癸卯 臨官	62歲 2084 甲辰 冠帶	63歲 2085 乙巳 沐浴	64歲 2086 丙午 長生	65歲 2087 丁未 養	66歲 2088 戊申 胎	67歲 2089 己酉 絕	68歲 2090 庚戌 墓	69歲 2091 辛亥 死	70歲 2092 壬子 病

8 按一下「流年」，便會顯示你的流年歲數（虛數），不用自己計。

9 按一下「提示」，便會出現你命中的所有神煞：

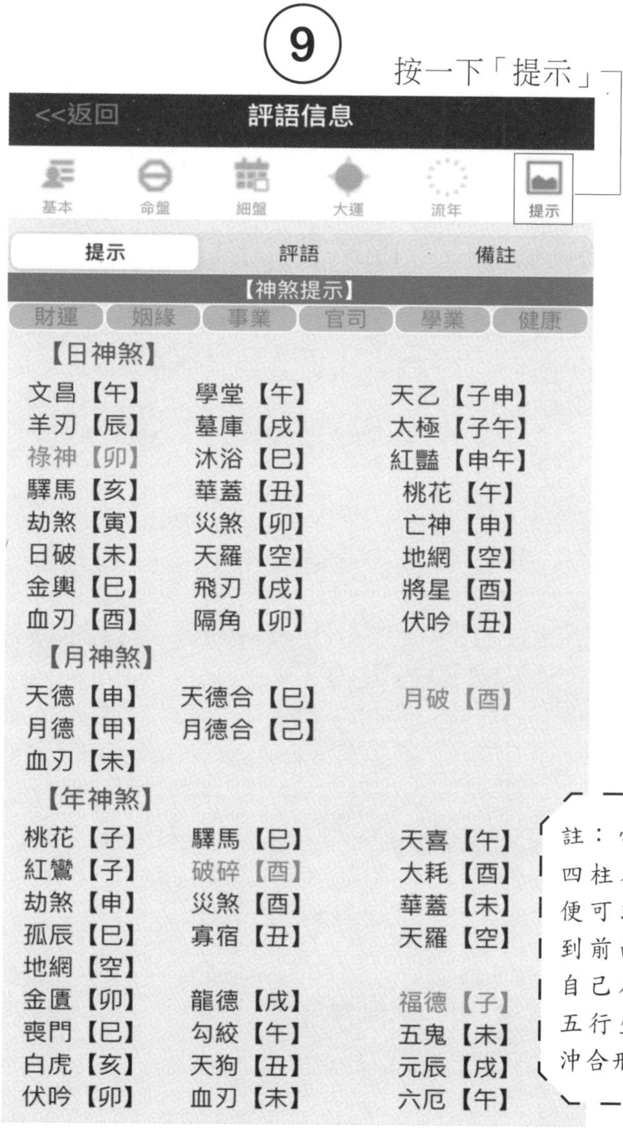

註：當有了自己的四柱八字後，大家便可以拿着八字翻到前面第三章查閱自己八字內的所有五行生剋和干支的沖合刑破害了。

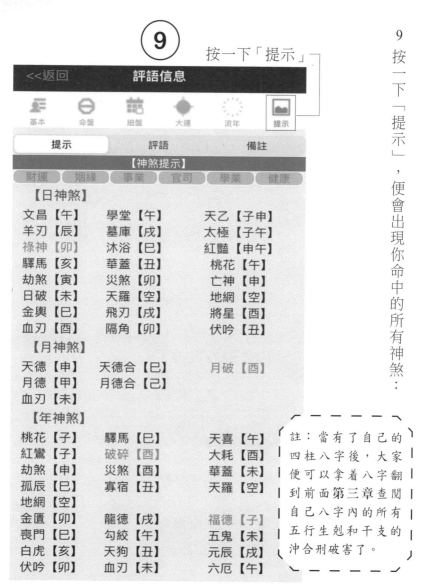

第六章

四柱八字逐格解

第1節・八字與家人的關係

我們首先利用apps，把出生的年月日時輸入，便會得出四柱八字。

如果沒有出生時間，大家也可以隨便輸入一個時間，得出四柱八字之後，**把最左邊上下那兩個字刪除便可。**

例如：2023年3月8日晚上22:35有一個女嬰誕生，把上述資料輸入

八字圖

基本　命盤　細盤　大運　流年　提示

時柱	日柱	月柱	年柱	日期
食神	元女	比肩	偏印	主星
丁	乙	乙	癸	天干
亥	丑	卯	卯	地支
壬水 甲木	己土 癸水 辛金	乙木	乙木	藏干
正印 劫財	偏財 偏印 七殺	比肩	比肩	副星

apps後便會得到上頁的四柱（八字）：

八字圖：由右至左第三格天干那個「乙」字便是我們的日元，代表了「我」。

四柱不同的位置代表了不同的人物，請看下表：

年	月	日	時
祖父	父	自己	子
祖母	母	配偶	女

從圖表中，大家不難發現：

1. 年柱代表祖父母／外祖父母／長輩／上司
2. 月柱代表父母／上司
3. 日柱代表自己和配偶
4. 時柱代表子女／學生／徒弟／下屬

第2節・前半生與後半生

後半生		前半生		
時柱	日柱	月柱	年柱	日期
食神	元女	比肩	偏印	主星
丁	乙	乙	癸	天干
亥	丑	卯	卯	地支

右邊年月兩柱可以用來看我們的前半生，左邊時日兩柱可以用來看我們的下半生。

換言之，假設我們有八十歲，那麼年月兩柱可以粗疏地看成1~40歲；

日時兩柱可以粗疏地看成41~80歲。

如果年月兩柱的組合好，日時兩柱的組合不好，那麼便屬於先甜後苦；反之是先苦後甜。

如果四柱的組合皆吉，那麼人生便是由頭甜到尾，反之便是由頭苦到尾了。

第3節・八字與五行

我們獲上天隨機分配了八個字，未必每個人都是五行齊全的，有些人會欠缺其中一行，甚至會欠缺兩行。

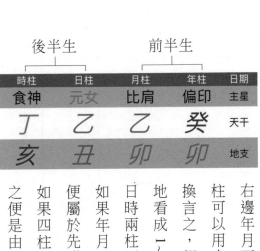

就以2023年3月8日22:35分出生的女嬰來說，她便是五行欠金。

年	月	日	時
癸	乙	乙	丁
卯	卯	丑	亥

年	月	日	時
水	木	木	火
木	木	土	水

從上面四柱五行所得，此造除了五行欠金外，另一個缺點是木太多（4個），變成木多成患了。

大家也可以看看自己的八字是否五行齊全？若有欠，欠缺了什麼？

第4節．五行有欠的影響

五行金水木火土是相生的，循環不斷，如果我們的八字中五行欠缺了其中一行，就好像一條橋樑斷了一截，彼此不能連接。當人生遇上難關，那道「坎」便很難跨過去。就算能跨過，也要比其他人費上更多氣力，付出更多。這就解釋了為什麼從古至今，我們的祖輩發現呱呱墜地的嬰兒八字五行有欠缺時，便會立即在其名字中補上該種五行，以求達到五行齊全。

第5節．天干五行與人體器官

甲乙木：手腳、肝膽、神經、毛髮、指甲

壬癸水：腎、膀胱、尿道、生殖器、精液、子宮、耳朵、血液的流動過程

丙丁火：血、心臟、眼睛、頭

庚辛金：肺、大腸、骨頭、經絡、乳房（乳房同時代表土）

戊己土：脾、胃、胰臟、背、腹部、皮膚

註：五行過多或欠缺，均容易產生上述疾病。

第6節・地支與人體器官

子（水）：子宮、排洩系統

丑（土）：肚腹、卵巢

寅（木）：肝膽、毛髮、手臂、指甲

卯（木）：肝、神經、體毛、四肢

辰（土）：胸、腹部、胃、背、消化系統、皮膚

巳（火）：心臟、面部、口腔、唇部

午（火）：眼睛、額頭、舌頭

未（土）：脊樑、脊椎、脾胃、腹腔

申（金）：經絡、大腸、骨骼

酉（金）：肺、乳房、胸部、口腔、內分泌系統。

戌（土）：脾胃、心臟（戌是火庫）

亥（水）：腎、泌尿系統、生殖系統

註：凡是上述地支受到傷害（沖／刑／被合化）時，該等器官均容易產生以上的毛病。

十・天・干・篇

第七章 日元甲木的特性

甲木是十天干之首，它屬陽木，是參天大樹，森林之木，棟樑之材。

第1節・甲木之優點

意志堅定有毅力：從樹木牢牢地將根紮實在大地，不怕強風來吹，甲木人可說是很有毅力、剛直、意志堅強的人，即使遭遇到一些挫折也不會輕易放棄。

易獲得知名度受肯定：甲木參天，挺拔高俊，能傲視遠方，亦容易令人一眼看到甲木的存在。基於此特性，甲木人在社會上較容易得到別人的肯定和較他人更容易獲得知名度。

多才多藝愛助人：樹木的用途多樣化：能造傢具、紙張、釋放新鮮空氣、防止土石流、綠化環境、保護眼睛等等，所以甲木人比一般人多才多藝，慷慨無私，愛幫助人，時常予人方便。

對家庭有責任心：大樹的樹冠範圍很大，是遮陽休憩的好地方，所以甲木人會像一顆大樹那樣來照顧家人，為家人遮陽擋風驅雨，是一個值得信賴之人。

正直不偏私：樹木的樹幹挺直結實，造就甲木人不喜歡拐彎抹角，極重視道德和面子，所以古人稱甲木為「仁」。

第2節・甲木的缺點

固執不喜變通：從樹木紮根於大地，無法馬上變形這一特點而令甲木人較頑固，不懂妥協，欠缺敏捷性，無法隨機應變，對於環境改變的適應性較差。

容易成為被攻擊的對象：由於樹大招風，導致樹木因剛強而容易被折斷，因此在職場上很容易招惹小人，成為被攻擊的主要目標。

第3節・甲木生在春季（寅卯辰月）

春季甲木，第一個特徵是它有一條強旺的木根，唯春季剛從冬季走過來，「初春猶有餘寒」，最需要太陽來照暖了。

正月寅木：月建於寅，木旺之地，唯初春餘寒未盡，必須見太陽丙火才能驅去寒意，令春回大地，支葉向陽。

二月卯木：月建於卯，羊刃秉令，得火暖而繁榮，沒丙見丁亦可用，若木旺見金則為貴，柱中有土可得財。

三月卯木：月建於辰，甲木之氣已經開始衰退，火氣已漸升。老木最喜金來削伐，忌用旺火來化洩，故辰月最喜庚金和丁火。

第4節・甲木生在夏季（巳午未月）

夏季出生的甲木，火旺木焚，木性焦虛。八字若無水木之助力，難全其生機。因此生於夏天的甲木要有根（寅木或卯木）；再者調候為急，不能缺水，而水又依賴金作發水之源。所以夏天之甲木，要有木根之餘，仍以壬癸水為用，輔以金作發水之源。

四月甲木：月建於巳，火旺木焚，必須要有水調候，滅火生木潤土，同時要有金洩火之炎，方能讓甲木生機展現。

五月甲木：月建於午，夏日炎炎，火炎土燥，調候為急，壬癸水為首選，輔以庚辛金作發水之源。

六月甲木：月建於未，未為木之墓庫，內有甲木之根氣，雖然金水開始進氣，但仍屬三伏天，熱氣未退，壬癸水不能無，庚辛金佐之。

第5節・甲木生在秋季（申酉戌月）

秋季的甲木，金氣秉令，根枯葉落，宜取丁火制金為上，使其不傷甲木，但甲木必須有強根，方可用火制金，否則宜用水化金生木為用也。

七月甲木：月建於申，是甲木之絕地。強金鋒利，甲木最容易受傷，必須有火剋制申金，有水洩去其銳氣，火水兩透乃屬上命。

八月甲木：月建於酉，金氣當令，金旺木衰，必須要有水作為通關之橋樑，洩金生木，輔以丙丁火削弱金之銳氣為上乘。

九月甲木：月建於戌，戌為火墓，熱土太燥，未能潤土養木，非要有水生木潤土不可，壬癸水皆宜。

第6節・甲木生在冬季（亥子丑月）

冬季的甲木，水已結成冰，容易凍傷木根。寒木向陽，首要太陽丙火來調和氣候，丁火來引木之性，故冬木喜火。凍水不能生木，金從水勢，益增其寒；見土則水寒土凍，毫無生機，故冬季的甲木見金土皆無用，唯見丙、丁火則能暖木保住根部不受損，顯貴有期。

十月甲木：月建於亥，初冬乍現，寒氣漸隆，保暖為上，丙丁火為不二之選。

十一月甲木：月建於子，寒氣迫人，水已結冰，會凍壞甲木之根，必須要見丙火太陽出干調候，熔冰暖土，方能保住甲木生機。

十二月甲木：月建於丑，寒氣未退，丑土又濕又寒，木的生機受到影響，必須見丙丁火透干才能扭轉乾坤。

第八章　日元乙木的特性

乙木在十天干中排第二位，它屬於陰木，就是我們所見的花草之木及攀藤植物。

第1節・乙木之優點

美麗動人：花草之木外表秀麗，婀娜多姿，讓人賞心悅目，討人喜愛。一般來說，乙木人的外貌較其他五行漂亮俊俏。

溫順和藹：乙木人的性情溫順和藹，比較聽話順從，令外人覺得競爭性不大，是比較容易相處的人。

外柔內剛：攀爬的植物亦屬乙木，它們的外表柔弱，但韌力過人，能以柔剋剛。因此乙木不論男女都不會跟他人硬碰硬，當他們鎖定一個目標之後，就會孜孜不倦和努力不懈地向着目標進發。

現實和務實：小花小草看起來很柔弱，但能在嚴酷的環境下生長，颱風來襲時隨風擺動，被踐踏時只要有根存在，就會再次生長。所以乙木人會較其他五行的人EQ高，處事有彈性，也就是較現實和務實。

第2節・乙木人的缺點

易招惹狂蜂浪蝶：乙木人沒有甲木人般剛強，但卻有著獨特的異性魅力。由於外表美麗，所以最易「招蜂引蝶」。無論男女乙木均容易有感情煩惱。

依賴心較強，無法承擔重任：乙木是小花小草及攀爬之物，造成了乙木人的性格較怕事，依賴心很強，無法獨自承擔大事。古語云：「乙木系甲可春可秋」就是指乙木需要依賴甲木才能有成就。

較易妥協及改變初衷：由於柔弱的花草需要在不同的環境下生存，令乙木人較易與他人妥協，甚至經不起誘惑而改變初心，也較易貪一時之利益而上當受騙。

第3節・乙木生在春季（寅卯辰月）

乙木生於春季，乍暖還寒，初春的天氣尚有寒氣，最好有丙火為八字去寒，倘若再有癸水和己土養木則為好的格局。

丙火即陽光，癸水如雨露，己土為濕泥。有了陽光、雨露和泥土的滋潤溫養，才能夠令花草恢復生機，發芽生長，最好還有一株甲木讓它去攀爬，爬上最頂之處看到更遠的天地。

正月乙木：月建於寅，羊刃當令，初春尤有餘寒，非丙不暖，非癸不潤，有丙有癸，可使乙木枝繁葉茂。命中若見丙癸透出均是好命之人。

二月乙木：月建於卯，陽氣漸生，建祿入命，乙木狀態大勇，根深蒂固，此時最喜懷丁抱丙，取食傷生財為用。

三月乙木：月建於辰，暮春三月，木已退氣變老，喜水為用，甲木扶之，丙火照耀之。

第4節・乙木生在夏季（巳午未月）

乙木生於夏季，天氣炎熱仿如熊熊烈火，導致乙木無精打采，甚至令乙木枝幹枯萎或者被燒成炭，這時候就必須有水來滅火降溫，滋潤乙木，讓乙木恢復生機。

如果八字內有象徵着雨露的癸水來滋潤，此八字就可以成為上等的命格。金是發水之源，同時能令火勞損，所以夏季的乙木除了水之外，另一個要採用的五行便是金，以金生水，源頭不絕。

四月乙木：月建於巳，立夏之火，火氣升騰，火炎土燥之時，命中一定要有水，有水無源也為凶象，必定要有庚辛之金相陪作為發水之源，才能藥到病除。

五月乙木：月建於午，火氣大旺，八字必須要有水之外，還要加入丑土和辰土散熱兼養木，而且木剋土為財富，財可養命。

六月乙木：月建於未，土星當令且為燥土，顯示火氣猶存；未又為木之墓庫，乙木氣退枯焦，需以癸水調候，以水潤土養木。

第5節．乙木生在秋季（申酉戌月）

乙木生於秋季，秋金旺盛，伐木厲害，木處於絕勢，要依靠火來剋金，木來生火，用火剋秋金來救木是上算。

秋季天氣漸冷，葉落枝枯，柔弱的乙木無法承受金的裁剪，所以要火剋金外，同時要用水來洩金生木，讓乙木恢復生機。

七月乙木：月建於申，強金當令，乙木受傷。命中必須有火剋制秋金，其次是以癸水作為洩金之用。

八月乙木：月建於酉，秋木已枯，木根衰竭，最怕見強金之鋒利，命中必須要火水並見，用火剋金，用水洩金，才能還乙木一線生機。

九月乙木：月建於戌，由於戌土性質乾燥，無法滋養乙木，所以要先用水來滋潤土壤養木，乙木才能夠恢復生機，成為上等的格局。

第6節・乙木生在冬季（亥子丑月）

乙木生於冬季，天寒地凍，水已經結冰，失去流動性，而土壤也變得寒凍龜裂，阻礙了土的吸收，令乙木無法吸水生助，所以急需陽光提供溫暖，解凍暖土，令寒木向陽，否則乙木無法得到生機，也無法承受財富和擔任官職，最後只能成為貧窮之命。

十月乙木：月建於亥，天氣漸冷，八字內一定要見丙火出干暖身和溫暖土壤，倘若水多則要加戊土擋水。

十一月乙木：月建於子，子月為隆冬時節，天寒地凍，水已成冰，急需用丙火調候，輔以戊土。

十二月乙木：月建於丑，天氣逐漸回暖，但仍需丙火調候取暖。

第九章 日元丙火的特性

丙火在十天干中排第三位，它屬於陽火，就是我們所見到的太陽。

第1節・丙火之優點

無私奉獻：丙火就是太陽，太陽無處不在地照射大地。所以丙火人也仿如太陽一般充滿朝氣、精力充沛、積極進取、無私地跟他人分享自己的擁有物。

才華顯露：萬物生長靠太陽，丙火人有才華。因為太陽熱力四射，既能夠為植物提供光合作用，又能夠為寒冷的冬天帶來溫暖，人類、動物和植物均需要它，太陽的價值也因此被體現出來。

心胸豁達：太陽熱力四射，光傳千里，普照人間，所以丙火人一般都比較開朗，心胸豁達，有很巨大的正能量。

不虛偽、不做作：太陽向外擴散熱能是本性，所以丙火人與他人相處很自然，不做作，不虛偽，並且嚴格地按照自然規律辦事。做起事來風風火火，成功率很高。

待人熱情，做事積極：太陽熱力如火，丙火人待人處事也積極熱情，充滿正能量。因此任何一個團體或一間公司，若要成功必須要有其中一人是丙火日生的，這個人可加速使該團體活力十足，名利雙收。

第2節・丙火之缺點

性情急躁：太陽的光猛而烈，令丙火人的性格較急躁，喜歡爭強奪理，喜歡打抱不平，甚至有點霸道，多以「我說了算」為中心。

做事三分鐘熱度：丙火人欠長久的持續力，因為它一下子就把可以燃燒的都燒光，導致任何情感都來得快去得也快，是標準的三分鐘熱度。

有虛榮感：丙火人喜歡有被擁簇着、被人包圍著的感覺，也喜歡聽被讚美的話，有一份天生的虛榮感。

容易走向極端：八字丙火過衰或過旺的時候容易令命主走向反面，例如：年少老誠；外冷內熱；甚至言語緩慢，還有可能有口吃。

容易有腫瘤：八字內火多土又多時，命主容易有癌症，因為火是毒，土是腫瘤。如果八字內火土都多便很容易患癌。

第3節・丙火生在春季（寅卯辰月）

春季的丙火，春回大地，春暖花開，丙火和木同樣切合時令，木和火都很有力。

如果有壬水，就會讓丙火霞光輝映，非常美麗，變成水火既濟。所以春季的丙火，都最好應該以壬水和庚金為用神。

正月丙火：月建於寅，壬癸水為用，庚金發水之源為佐。

二月丙火：月建於卯，卯木當令，且陽氣舒升，火力充沛，火賴木生而氣壯，丙火日主先天的優勢較強，故取金水為用，土為佐。

三月丙火：月建於辰，辰乃濕土，洩弱日主丙火之氣。宜有甲木來生火制土，取用神爲木、金、水。

第4節・丙火生在夏季（巳午未月）

丙火生於夏季，丙火正當時令，火處於旺盛，勢力過大，如果地支中又出現寅午戌三合成火局，這樣火的勢力就過於猛烈，要是再出現甲木，木生火，就會讓甲木焚燒，應該專用壬癸水來消解火勢，降低溫度，也可以用己土濕泥降溫。

四月丙火：月建於巳，火力旺盛，應該以水為用，庚金為佐，忌見戊土制壬。

五月丙火：月建於午，夏日炎炎火更旺更熾，宜以壬水為調候之用，庚金以通根申宮為妙。

六月丙火：月建於未，未月火土為旺，宜以壬癸水為用，庚金為佐。

第5節・丙火生在秋季（申酉戌月）

丙火生於秋季，金正處於旺盛之勢，火因剋金而勞損，所以生於秋季的丙火都是虛火。由於丙火處於弱勢，需要木來生火助旺，讓丙火有力，恢復光明，否則秋天的丙火不但不急躁，還會變成內向及消極，甚至抑鬱。

七月丙火：月建於申，庚金當旺，應該以木火為用。若有壬水通根申宮，壬多必取戊制。

八月丙火：月建於酉，辛金當旺，應該以木火為用，水洩金為輔。

九月丙火：月建於戌，土金皆旺，忌土晦光，應該先取甲木疏土，次用水洩金。

第6節・丙火生在冬季（亥子丑月）

丙火生於冬季，天寒地凍，火的勢力最為弱小，調候為急，如果有木來生助就能絕處逢生，煥發生機，恢復光明。

生於冬季的丙火如果八字金水強旺，就很難承受妻財與官職，變成雪上加霜，甚至令火熄滅。古藉有云：「喜木生而有救，遇水剋為殃。」

十月丙火：月建於亥，天寒地凍，用火調候為急，水旺宜用甲木洩之。身殺兩旺，用戊制之。

十一月丙火：月建於子，至寒至冷，宜先用火調候，甲乙木輔之，水多則取戊制之。

十二月丙火：月建於丑，寒冷未除，調候為急，木火並用。

第十章 日元丁火的特性

丁火在十天干中排第四位，屬陰火，為燭光之火，柔和可愛，也有如星星之光一樣閃爍迷人。

當丁火旺時為爐，為鍛煉庚金之火，所以最怕木多且濕，變成「濕木傷丁，困頓難伸」；當丁火衰弱時為燈，寒夜孤燈最喜乾木生火，讓他人圍爐取暖。

第1節・丁火人的優點

外柔內剛：丁火人外表柔弱，內心剛強。心思敏捷，富有創意，好奇心也強烈，善於感受事物，對新事物有很濃厚的興趣。

富同情心：丁火人也富有同情心，喜歡關注別人，情感豐富，給人浪漫天真的感覺，經常有一顆童心。

財富敏感度高：丁火人對財富的敏感度特別高，喜歡投資，喜歡做生意，是「密底算盤」。

有藝術氣質：丁火人思維活躍，充滿激情，有藝術氣息，適合從事文化、攝影、教研、旅遊、經商及政治性質的工作。

第2節．丁火人的缺點

多愁善感：丁火是燈燭，光線較柔和，被稱為「寒夜孤燈」。由於性質影響所及，導致丁火人也容易多愁善感，有時候容易想得太多而失去先機。

感性多疑：由於性格多思多慮，導致丁火人攻於心計，善變而多疑。

優柔寡斷：丁火人對人友善，不擅長拒絕別人，凡事考慮，猶豫不決，易導致聰明反被聰明誤。

第3節．丁火生在春季（寅卯辰月）

丁火生在春季，木正當時得令，春季的丁火適合用甲木來生助扶持便成陽和之氣。如果木過於旺盛，便要有金來制衡。

正月丁火：月建為寅，甲木得祿當權。丁火不離甲木，無甲則丁火無所附，但甲木過旺會造成木多火塞，丁火就變得不靈活，需要庚金劈甲木引出丁火；如果丁火過旺就離不開壬水了。

二月丁火：月建為卯，乙木司權，是木氣極旺之時，有木旺火塞之危，需要有庚金去合乙，有甲木引丁火，戊己酌情取用。

三月丁火：月建為辰，戊土司權，丁火被泄氣變得柔弱，宜用甲木破土引丁；如甲木過旺，則需庚金制衡；如局中水旺，則宜戊土出干制水；如濕木過多，則需要丙火作曬木之用。

第4節．丁火生在夏季（巳午未月）

丁火生在夏季，火正當時得令，處於極盛之期，火勢猛烈炎烈，四柱中一定要用水來成就水火既濟，否則丁火就會有自焚的危險。生於夏季的丁火，水金是首選。

四月丁火：月建為巳，丙火臨官，丁仗丙威，炎烈難當；如有丙火出干，氣勢轉陽，丁火可視同丙火來論。如甲木過旺則需庚制。丙丁過旺，非壬癸不可，三夏之火，本以水火相濟為美。

五月丁火：月建為午，丁火逢祿自旺。用神首取壬水，喜庚辛來助。土多晦丁，多是常人，木多則愚笨；丙來奪丁，容易懷才不遇。

六月丁火：月建為未。局中若有丙丁出干或者支會火局，則壬水當先，庚辛輔佐；若支會木局，則首先要庚辛，壬癸戊己則酌情選用。若局中己土用事，火氣衰歇，非甲木生助破己，否則丁火不能向榮。

第5節．丁火生在秋季（申酉戌月）

丁火生於秋季，氣勢轉弱，性質陰柔，火開始退氣，秋金正當時得令，必須得有甲乙木來生旺丁火，還需要有丙火來扶助。秋季的丁火首要見甲乙丙。

七月丁火：月建為申。身處三秋，陰柔退氣，旺金秉令，取庚金劈甲木引丁，庚金已成，專用甲木；乙木亦可，又借丙火暖金曬甲，不懼丙火奪丁；倘若丙丁俱來，支中見水亦妙。

八月丁火：月建為酉。丁火長生於酉月，金氣專一，酉金活躍，宜水木並用，金洩於水，甲木可生丁火。

九月丁火：月建為戌，是火之墓地，土金秉令，取用不離甲乙、丙丁。戊土司令，首先用甲，格成傷官佩印，富貴可期。

第6節．丁火生在冬季（亥子丑月）

丁火生在冬季，火正處於衰絕之氣，丁火因此失去生機。此時水正處於旺盛之勢，有木就能讓丁火絕處逢生，煥發生機，因此，冬季的丁火一定離不開甲木。

十月丁火：月建為亥。官星秉令，首先要用甲木。若不見甲木，丁火便無依附，勢必更柔弱。丁火日主最怕己土合甲，也怕壬水兩透，命主會被羈絆沒發展。若水多需要戊土來制，土多更需甲乙出干。

十一月丁火：月建為子，水勢強盛，七殺無情。甲木為尊，丙戊酌情選用。木旺用庚金劈甲，火旺需用水，水旺則需用戊，土旺需用甲。

十二月丁火：月建為丑，上半月水旺，視同子月。下半月己土司令，晦泄丁火更甚，非甲乙出干通根不可；甲乙過旺，也需庚金剋制甲木。支會金局，有甲乙出干通根，則可用水。

第十一章　日元戊土的特性

戊土在十天干中排第五位，屬陽土，即大石頭，為高山、城牆、堤壩。

戊土固重，既中且正，有中庸、低調及忍耐的特性。

第1節．戊土的優點

有誠信：戊土人著重誠信，說到做到，信守到底，一諾千金，有始有終，憎恨不守信用的人。

豁達穩重：戊土為人耿直樂天，不喜修飾。做事有計劃，講條理，不衝動，冷靜理智。

擇善固執：戊土人主觀較強，喜歡堅持己見，具雅量，適應力強，喜歡默默耕耘，墨守成規。

心慈性善：戊土人重感情，喜歡照顧他人，內心感情豐富，有極強的包容力，禮節周到，喜懷舊，不喜搬遷。

第2節．戊土的缺點

太過固執：戊土人以自我為中心，一旦自己認定的事情，不會輕易改變主意，過於固執。

不懂浪漫：戊土人中正，直來直往，慢熱，不懂浪漫，較難在短時間內取悅異性。

好面子：戊土人好面子，自尊心較強，渴望受到別人的尊重，不太接受批評的說話。

較現實：戊土人不喜歡風花說月，為人貼地氣，較現實，喜歡衡量得失，計算利弊。

第3節．戊土生在春季（寅卯辰月）

春季的戊土，春回大地，陽氣漸生，木處於旺勢，木牢牢地把土剋住，所以命中最好有丙火生土暖土，增強土的氣勢；同一時間還需要癸水來滋潤土壤，讓萬物生長；當戊土厚實時，就要用甲木來疏通，讓土氣流動。所以春季戊土的用神，一般是丙火癸水和甲木。

正月戊土：月建於寅，戊土需要圍繞丙火、甲木和癸水三者來取用。

二月戊土：月建於卯，木旺土崩，戊土呈弱勢，八字最宜見丙丁火洩木生土，再加癸水滋潤。

三月戊土：月建於辰，前十五日木星秉令，後十五土星司令，但辰是水庫，辰中之土最為虛弱，最需要丙火生之。

第4節．戊土生在夏季（巳午未月）

夏季的戊土，陽氣旺盛，火勢猛烈，火生土，土勢強而焦燥，土剋水，焦土最需要強水來做用神，能夠收到滋潤土壤的效果。所以夏季的戊土，首用神是水，尤其是壬水。

四月戊土：月建於巳，火土同宮，丙戊司令，火旺土實，不能無水滋潤，土暖而潤，萬物滋生；癸水出干，有化火之險，最宜支藏。

五月戊土：月建於午，午月火氣更炎更旺，宜先用壬水，次取甲木。壬甲兩透，名為君臣慶會，位高權重。庚辛發源，官居極品。

六月戊土：月建於未，戊土剛燥，先用壬水；土重而實，次用甲木。甲木、壬水、丙火齊透，則富貴有期。

第5節・戊土生在秋季（申酉戌月）

秋季天氣漸冷，戊土的性質變得虛寒，火能生土，如果命局中出現丙丁火，其作用能夠生土剋金，能讓戊土保持旺盛的狀態，所以秋季的戊土離不開火，用神為火和水。

七月戊土：月建於申，申金是壬水的長生之地，七月之戊，金水多而旺，則要用火用土，甲木輔佐。

八月戊土：月建於酉，金旺土虛，非生扶不可；秋水同源，水旺則土盪，先用丙火，喜丙火照暖，喜水滋潤，不必甲木疏通。

九月戊土：月建於戌，戌宮乃火墓，土得火而實，然寒露之後十五日，辛金用事；局中戊土當旺，甲木疏通為要，但戊土皆燥，無水則木性枯焦，所以甲木為用，癸水輔佐。

第6節．戊土生在冬季（亥子丑月）

冬季天氣寒冷，戊土性質寒凝，必須有火調候，溫暖土壤才能解去寒氣，所以冬天的戊土離不開丙火，如果沒有丙火，冬季的戊土便會燥硬，完全失去生命力，萬物也難以生長。

十月戊土：月建於亥，水旺土盪，土氣虛寒。濕土乃泥濘，不可用癸，要專用丙火生土。丙火得地，甲木輔佐。

十一月戊土：月建於子，水勢更盛，水旺土濕，寒氣逼人，制水為第一要務，火來暖土暖水，方能有生化之功，需要土火同來，即丙戊同用。

十二月戊土：月建於丑，小寒後第十五日之前，視為水旺；十五日之後，己土當值用事，視為土旺。不過丑土暗藏金水，無火溫暖，難作旺論。需要見丙火，干透支藏，戊土由弱轉強，可以用壬，主氣清而旺，是富中取貴的命。

第十二章 日元己土的特性

己土在十天干中排行第六位，為濕土。它與戊土不同，己土體質偏弱、偏柔，性質卑微、陰濕，具有中正之氣、蓄藏之德，氣貫八方。對於萬物來說，它發揮著生生不息的妙用：能夠養木，能夠納水，故萬物萌生。

第1節・己土人的優點

個性穩重，包容性強：己土厚重，能納四方之物，故己土人的性格穩重，包容他人之心極強，能接納不同的意見。

處事嚴謹認真：己土人喜歡埋頭苦幹，重複性的工作也會十分投入，很少有怨言。

心思細膩，易得人心：己土人默默付出，但又很在意他人對自己的看法，所以心思特別細膩，能照顧他人的感受，易得人心。

精打細算積累財富：己土人不喜歡大手大腳，認為物有所值才出手。喜歡精打細算的性格令大部分己土人都擁有不俗的財富。

第2節・己土的缺點

優柔寡斷：己土人陰柔，處事過於謹慎，喜歡思前想後，容易給人一種優柔寡斷的感覺。

缺乏領袖魅力：己土人很在意他人的感受與看法，處事方式中庸而缺乏領袖魅力。

易錯失機會：己土人多思多慮，往往因為未能當機立斷而錯失機會，導致追悔不已。

缺乏創意：己土中正不阿，喜歡守舊，缺乏開創精神而變得沒有創意。

第3節．己土生在春季（寅卯辰月）

初春的己土雖然春回大地，但寒氣尚存，需要有丙火來溫暖才能滋生萬物。沒有丙火可用稍次的丁火，但絕對不能有壬水，否則格局變差。

正月己土：月建於寅，雖然是栽種的季節，但餘寒未除，故首先要用丙火除寒，以固保己土的元氣。

二月己土：月建於卯，陽氣漸盛，萬物生發之機。首要己土生旺，次取癸水潤之，丙火暖之。

三月己土：月建於辰，土旺秉令，己土卑濕，辰宮又為水墓，故先丙後癸，次取甲木疏通。

第4節．夏季己土（巳午未月）

己土生於夏季，火正當時得令，火和土的氣勢都很強，己土的土質焦燥，急切需要雨水來濕潤，還要有丙火來輔助，否則會孤陰不生。己土擁有陽光雨露之後，萬物就能茁壯成長。

四月己土：月建於巳，火氣當旺，急需雨露滋潤，所以專取癸水為用。

五月己土：月建於午，丁火更熾熱，火旺土焦。所以專取癸水為用。無癸，壬水亦可。午月癸水死絕，還需庚辛金作發水之源。

六月己土：月建於未，己土專旺。三伏生寒，需要丙丁出干去寒。土氣燥旺，亦須癸水潤土，更需甲乙寅卯木疏通。

第5節．己土生在秋季（申酉戌月）

己土生於秋季，秋金正當時得令，己土因為要生金而變得氣勢虛弱，而且寒氣漸生，水開始進氣，也會消耗土的氣勢，所以秋季的己土要在命局中出現丙丁火，最好還要有癸水來滋潤。

七月己土：月建於申，申金秉令，子旺母虛。寒氣漸增，固首要丙火，一來固本，二來制金，三來調候暖土，盡除寒氣。

八月己土：月建於酉，金氣更旺，土氣愈虛，氣候更涼，非生助不可，所以丙火為尊，甲木輔佐。

九月己土：月建於戌，戌為火墓，土得火而土實，土重自然首取甲木疏通，癸水輔佐。

第6節．己土生在冬季（亥子丑月）

己土生於冬季，天氣寒冷，水正當時得令，加上己土性質卑濕，水土均被凍結，必須要有丙火的支援，否則己土就完全沒有生機。有了丙火就有可能會有好的命局。

十月己土：月建於亥，水氣當值，有水旺土濕之憂。土氣虛寒，非要丙火不可，甲木輔佐，制水護印為要，所以還需戊土出干助己土。

十一月己土：月建於子，水勢更猛，水旺則土濕，己土陰寒之氣更甚，首要戊土制水，輔以丙火照耀。

十二月己土：月建於丑，己土當值用事，視為土旺。不過丑宮暗藏金水，需要用丙火暖身。無丙，丁火亦可，丁透丙藏，富貴無雙。

第十三章 日元庚金的特性

庚金位於十天干中的第七位，屬陽金，屬鋼鐵，只要有火鑄煉，可以鑄成十八般兵器，所以庚金也代表戰爭和軍事。

庚金是硬金，擲地有聲，所以無論男女，必須長得高大粗獷豪放，才能稱得上入型入格。

第1節．庚金人的優點

處事果斷，行事速達：庚金擲地有聲，庚金人說一不二，言出必行，而且行事速達，決不容許拖拖拉拉，堪稱急進派的代言人。

不虛偽，有正義感：庚金人率直，不虛偽，心口一致，重信用，講義氣，看到不合理的事情會直斥其非，正義感非常強。

慷慨大方，樂於助人：庚金人不吝嗇，對人對己慷慨大方，只要在自己力所能及的情況下，會毫不猶豫地幫助有需要的人。

目標清晰，迎難而上：庚金人目標清晰，對人對己要求高，一旦有了努力的方向後，便會毫無怨言，堅持不懈，迎難而上。

第2節．庚金人的缺點

粗率不細心：庚金人處事粗枝大葉，欠缺細心，凡事講求效率，容易忽略細節。

處事較極端：庚金人處事較為極端，非黑即白，沒有中間路線可言，變通性弱。

性格頗強勢：庚金是鋼鐵，是硬金，所以庚金人不論男女，性格都頗為強勢，令人覺得欠親和力，不太容易接近。

庚金女感情欠順：庚金肅殺，煞氣大，要成器必須經歷火的鑄煉，過程痛苦而難捱，而火正是庚女的官殺夫星，所以表現在家庭生活中或婚姻生活中波折重重。

第3節．庚金生在春季（寅卯辰月）

庚金生於春季，寒氣未盡，需要有火來驅寒。春季的木正處於旺勢，木剋土令土氣虛浮，薄土不能生金，庚金最宜得到比劫的扶助。所以春季的庚金，土金是用神首選。

正月庚金：月建於寅，寅宮甲木當值用事，寅宮是庚金的絕地，木旺土虛，母子同病，庚金體質最弱。雖然有財而不能勝任。所以非印比生扶不可，必須見土和金才能有所作為。

二月庚金：月建於卯，乙木用事，庚金衰絕，與正月同理，非印比土金生助不可。

三月庚金：月建於辰，前十五天仍然是乙木主事，需要結合干支組合情況定奪；後十五天戊土主事，辰宮濕土生庚，庚金得生有氣，可以用丁火煉鑄，用甲木疏土為輔佐。

第4節．庚金生在夏季（巳午未月）

庚金生於夏季，陽氣旺盛，火勢猛烈，庚金正處於死絕的狀態。土能生金，但夏季的火正當時得令，火土都焦燥，急需壬癸水來剋火以求達致水火既濟，固此夏季的庚金，水和土是不二之選。

四月庚金：月建於巳，巳是庚金的長生之地，然而火旺土燥，未能有生金之效，庚金依然體衰，因月令火土太旺之故，所以最宜得壬癸水潤澤，便能得中和之氣。

五月庚金：月建於午，是庚金之敗地，氣勢皆衰。午宮丁火猛烈，鍛鍊太過，庚金易脆斷，必須有壬癸水營救，以庚辛金為輔助，次選己土晦火生金。

六月庚金：月建於未，大暑之前，丁火主事，喜用亦同午月。大暑之後，己土秉令，金氣轉強，可作旺論。若土旺金頑，宜用丁火鍛鍊。但未中丁火早已氣泄於己，雖有若無，必須見丁火出干，甲木生之，破土引丁方為上格。

第5節．庚金生在秋季

庚金生於秋季，正是處於當時得令的狀態，其性質剛強銳利，必須有丁火來鍛鍊才能成為利器，如果同時有木出現，庚金便能削木如泥。秋季的庚金如果四柱有官有財，即有火有木，格局就高。

七月庚金：月建於申，月令建祿，剛銳之極。專用丁火，次用甲木引丁。倘若干透甲丁，運行木火之地，便成上格。

八月庚金：月建於酉，庚金位處羊刃之地，秋分之前效力視同七月；秋分之後，辛金主旺，方為真刃。月令羊刃，剛銳無比，專用丁火制庚，丙火調候，甲木輔佐。

九月庚金：月建於戌，土金同黨，庚金生旺。若生於寒露後十五日，戊土當令則有厚土埋金之勢，所以急需甲木疏土；季秋之金，猶有餘氣，加以月令生金，可以用壬水淘金，亦可用丁火制金。

第6節．庚金生在冬季

庚金生於冬季，水正當時得令處於旺盛之勢，金生水令庚金氣勢轉弱，金就不能對木發揮作用，此時必須有火暖土生金洩水，令火生土，土生金，寒冷的庚金得到火的溫暖才能夠發揮作用。所以生於冬季的庚金不能沒有火和木。

十月庚金：月建於亥，金寒水冷，急需丙丁火暖身制水，因為亥月乃庚金之病地，旺水泄氣，庚金失去堅剛之氣，若缺去丙丁火，難以成格。

十一月庚金：月建於子，金寒水冷更甚，用丙丁甲為首選，亦宜有戊土出干制水，有丙火出干相佐，唯獨忌見己土濕泥，水會變得混濁，金不白水不清，反主愚笨。

十二月庚金：月建於丑，若生於前十五日可視作子月；後十五日己土當值用事，但是丑宮的水有餘氣，如果干透壬癸，也視同子月。假如戊己出干，則視為土旺。無論戊己壬癸，總要丙火調候、丁火煉庚，甲木輔佐為上。

第十四章 日元辛金的特性

辛金在十天干中排第八位，屬陰金，像珠寶一樣需要人工精製而成，外表柔弱，內裏堅強。

第1節・辛金人的性格優點

美麗動人：辛金精緻矜貴，辛金人也具備金銀珠寶的特質，時刻綻放出獨特的光芒，所以辛金女子特別漂亮，辛金男子也特別具有由內至外的攝人魅力。

外柔內剛：辛金人外表亮麗柔美，內心卻堅強無比。他們有着「水滴石穿」

之恆心，毅力強大。

有野心，善於應變：辛金人心思細密，具有獨特的想法，對美的觸覺特別敏感，能專注於各種事物，野心大，適應力強，懂得求變。

第2節．辛金人的性格缺點

自尊心特強：辛金由於屬純陰之故，較易造成意見偏頗和任性的個性，他們害怕丟臉，自尊心特別強。

愛慕虛榮：辛金美麗動人，躺在飾櫃裏得到無數讚美之聲，此特質造就了辛金人較其他五行人愛慕虛榮，他們特別喜歡別人的讚美，特別討厭負面的評價。

對人對己要求高：辛金人事事喜歡追求完美，不自覺地對己對人要求高，因此容易產生過大的壓力，變成吃力不討好。

第3節．辛金生在春季（寅卯辰月）

春季的辛金因為冬天剛剛過去，還有一些冬季殘餘的寒氣影響，所以特別適合有火來幫助，有水洗去污泥，讓辛金重現光輝。

正月辛金：月建於寅，寅中支藏丙火，能解去寒氣。寅月辛金失令，宜取己土生身為本，若命中有壬水透干洗滌，辛金必能科甲顯揚。故正月辛金，先己後壬。

二月辛金：月建於卯，陽和之際，忌見戊己土埋金，最喜壬水洩秀，丙火照耀。若無壬則為平常之命。若得丙壬齊透，富貴雙全。

三月辛金：月建於辰，戊土司令。辛金喜壬水淘而忌土是天性，所以最宜有甲制土，壬水才不至受損傷。故三月辛金，最宜壬甲兩透，富貴必然。

第4節．辛金生在夏季（巳午未月）

夏季的辛金陽氣旺盛，火正當時得令處於旺氣之中。火旺生土，夏季火土都焦燥，燥烈之土是沒有辦法生助辛金的，所以此時最需要出現水。有水便能剋火潤土，土潤才能生金。

四月辛金：月建於巳。炎夏之際，最忌丙火之燥，最喜壬水之洗淘。若地支有金局，天干有壬水透出，有木制戊，富貴定然。

五月辛金：月建於午，丁火司權，辛金失令，弱金不宜鍛煉，必須用己土洩火生金，用壬水沖洗，令辛金光輝再現。故午月辛金，壬己齊用。無壬，癸亦可，但格局變小。

六月辛金：月建於未，己土當權，生金太盛，恐掩其輝，宜先用壬水為要，次取庚金扶助。壬庚兩透，榮華富貴必然。

第5節．辛金生在秋季（申酉戌月）

秋季的辛金正當時得令，性質剛強銳利，肅殺之氣過重。這時候就需要出現壬癸水洩去辛金的旺盛氣勢，讓辛金清潤秀氣，發揮出金的精粹本質。

七月辛金：月建於申，庚金當令，申金支藏壬水，壬水不在於多，故云：水淺金多，號曰體全之象，壬水為尊，金白水清，富貴定然。

八月辛金：月建於酉，建祿格成，當權當令，旺至極點，故以專用壬水淘洗。金見水得以流通，富中取貴。

九月辛金：月建於戌，戊土發號施令，須取甲木疏土，壬洩旺金，壬甲兩透，富貴可求。水木為藥，火土為忌。

第6節．辛金生在冬季（亥子丑月）

冬季的辛金已經過了旺盛的時期，水正當時得令處於旺盛，此時辛金性質寒冷，需要用火調候熔冰暖土，用水洗滌污泥，令辛金重現光輝。

十月辛金：月建於亥，金臨病地，寒氣將降，亥中有壬，不必刻意去求，應取丙火暖壬溫辛，地支有土金為根方為上格。

十一月辛金：月建於子，癸水當令，為寒冬雨露，喜丙火溫暖，忌癸水出干凍金困丙火。若丙壬兩透而不見戊癸，富貴非輕。

十二月辛金：月建於丑，寒金凍土，調候為急，非丙不能解凍，解凍後方可用壬水淘洗。丙壬兩透，清雅富貴。

第十五章 日元壬水的特性

壬水在十天干中排第九位，屬陽水，是大江大河之大水。

水主智慧，因此屬水的人多數很聰明，思考的能力很強。

第1節．壬水人的優點

坦白大膽：壬水是大江大河之水，滔滔不絕，浩浩蕩蕩永不停息，形成壬水人的性格坦白大膽，不喜裝飾，說話直接，是個性急之人。

樂觀有勇氣：江河之水永遠向前流動，形成壬水人不戀過去，喜歡向前看，做事充滿勇氣，有熱情及激情，投入感強。

隨機應變：向前流動的江河之水遇到障礙物時總能繞道而行，壬水人秉承傳統，遇事能隨機應變，見風使舵。

善於交際，左右逢源：水沒有固定的形狀，它能扭曲身子迎合各種器皿。壬水人也一樣，能巧妙地處理人際關係，左右逢源，而且活潑開朗，常常能夠帶給他人快樂。

第2節．壬水人的缺點

思想快，行動慢：壬水人富有智慧，智商很高，想法多多，是典型的思想快、行動慢之人，執行力永遠跟不上思想速度。

粗心大意而不自知：壬水人做事粗枝大葉，欠缺細膩的心思，欠缺察言觀色的敏感度，開罪了別人而經常不自知。

定性差，情緒起伏大：壬水人反應直接，易哭易笑，毫不掩飾，情緒起伏大，定性差，容易激動，令身邊人有壓力。

缺乏長遠計劃：壬水人的想法特多，但缺少長遠計劃，喜歡給自己找藉口，較任性。

第3節．壬水生在春季（寅卯辰月）

春季木旺，木能生火。換言之，春天的木能洩耗壬水的力量。首要的任務就是遏制木氣，減少木對壬水的剋洩之力，同時補充壬水的源頭。因此春季出生的壬水首要用神是金，金能生水和剋制春天過多的木。

正月壬水：月建於寅，壬水偏弱，用庚金發水源，水不至於枯竭。正月寒氣依然存在，需要用丙火除寒，令壬水不受凍，壬水才能正常流動。

二月壬水：月建於卯，乙木最旺，此時陽氣漸升，流水不凍，因此用金發水源，但要用辛不用庚，因為庚金被乙木貪合，會名存實亡。

三月壬水：月建於辰，辰為水庫，水以流動又不奔狂為美。辰庫收水，有失壬水本性，宜用甲木疏土，用庚金生水，補足水源才算完美。

第4節・壬水生在夏季（巳午未月）

夏季是火旺當令的季節，對於壬水日元來說也就是財旺的季節。火旺水涸，當務之急是要補金，因為金能生水，同時亦能消耗火的能量，令火不再猖獗。

四月壬水：月建於巳，火旺水衰，宜用壬水比肩助之，成水火既濟；同時用庚金發水源，令火忙於剋金而削減火力。

五月壬水：月建於午，火旺水竭，宜用壬水比肩助之，用庚金生發水源，午月壬水要有水有金乃為上格之選。

六月壬水：月建於未，火炎土躁，可憐的壬水變成水蒸氣。此時必須有甲木疏土，有金作發水之源，壬水才不至枯竭。

第5節．壬水生在秋季（申酉戌月）

秋天是金旺的季節，申酉均為發水之源，有金便代表水有源頭，壬水源源不斷有供應，所以秋季壬水喜火（財）來提升格局，喜木來洩秀，也喜戊土防洪。

七月壬水：月建於申，申是壬水的長生之地，壬水必作旺論。壬水旺防洪就是第一任務了，故七月壬水用神為戊土和丙丁火。

八月壬水：月建於酉，酉是辛金的祿地，辛壬配合成金白水清是最高格局。而金白水清的最大忌神是己土，因為己土為泥，會令水變濁。八月之土雖然不厚，但破壞金白水清卻很容易，所以八月壬水不宜見己土。

九月壬水：月建於戌，戌乃燥土之地，而且戌月是寒露霜降之際，要用丙火除寒，確保壬水得以流動。

第6節．壬水生在冬季（亥子丑月）

冬季為水當令當氣的季節，水勢泛濫，因此壬水生於冬季是喜火來調候的，即使是身弱也必須用火來調候融冰，令水可以再次流動。

十月壬水：月建於亥，壬水必旺無疑，宜用戊土抗汪洋，用丙火調候。

十一月壬水：月建於子，子月大雪冬至，壬水寒極，而且多是凍水，若要壬水流動起來，丙火必不可少。

十二月壬水：月建於丑，依然是壬水之旺地。臘月壬水必要丙丁。若見丙丁透干，壬水就有生發之機。寒而不盡，丙丁全無，必是下格。

第十六章　日元癸水的特性

癸水是天干的第十位，屬陰水，為雨露之水，寄生於樹林之中，有潤養萬物的性情。

癸水也為井水，為小溪小溝之水，植物之露水，人類之淚水、津液、分泌物，女性之月經也屬癸水。

癸水跟壬水分別很大：壬水是滔滔不息的大江大河之水；而癸水則是從天上掉下來潤澤無聲滲進泥土中的雨水，因此癸水是城府深和溫柔的象徵。

第1節・癸水人優點

心思細膩，善解人意：癸水人陰柔恬靜，處事謹慎，內斂多思，較感性隨

和，給人和諧舒服的感覺。

處事低調，不卑不亢：癸水人適應環境的能力特別強，懂得隨遇而安，能夠迎合事物的變化，很有耐性。

心軟溫柔，潤澤無聲：癸水是由天上掉下來的雨水，潤澤細無聲，深入泥土之中滋潤萬物，因此癸水人心思細膩，善解人意而且樂於助人。

平等待人，默默耕耘：癸水潤澤萬物，不分彼此，不求回報，造就了癸水人的性情順從，待人平等的性格，並且喜歡默默耕耘，忍耐力極強。

第2節．癸水人的缺點

遇事怕麻煩，易妥協：癸水人柔弱，怕事，遇上困難時只想逃避，不敢面對，有容易妥協的性格。

優柔寡斷，多愁善感：癸水人怕下決定，遇到重要事情時總是優柔寡斷，三心兩意，多愁善感是癸水人的性格特質之一。

喜歡空想，不切實際：癸水是從天上掉下來的雨水，因此造就了癸水人易有天馬行空式的空想，處事有點不切實際。

負能量多，易撞鬼神：癸水人的性格柔弱，所以負能量比其他五行為多。由於癸水是從天上掉下來的，具有神秘感，因此容易跟神秘之物搭通天地線。據統計所得：癸水人撞上鬼神的機會率比一般人高出很多倍。

第3節．癸水人生在春季（寅卯辰月）

春季的癸水，春回大地，陽氣漸生。癸水屬於退氣時節，因為春天木當令，水生木而被洩氣，水少就容易乾涸，所以必須要有印綬庚金辛金和比肩癸水來救助，並且用火來溫暖癸水，這樣才能出現水木青華的狀態。

正月癸水：月建於寅，雨露至精，水性至柔，宜用辛金發癸水之源，加以丙火暖身，如得陰陽和合，萬物盡生。

二月癸水：月建於卯，不剛不柔，洩弱元神癸水，宜首選庚金為用，辛金次之。忌見地支成木局，皆因洩水太過。

三月癸水：月建於辰，如生於清明後，火氣未熾，專用丙火，為陰陽和合；生於穀雨後，用丙火並輔以辛金以及甲木佐之方為上。

第4節．癸水生在夏季（巳午未月）

夏季的癸水，火氣旺盛，水的氣勢衰絕，必須有金來生水，有壬水或癸水作為比肩劫財來救助，並且利用水來潤土護金，令水火既濟發揮效用，以天干不見火為上格。

四月癸水：月建於巳，火氣漸增，專喜辛金為用，無辛用庚作發水之源，以辛金透頂，不見丁火為上格，主科名顯貴。

五月癸水：月建於午，火旺至極，水弱無根，必須庚辛金為生身之本。但午火司令，金亦難敵強火，必須同時見比劫壬癸方得庚辛之用。如天干透庚辛壬者，富貴雙全。

六月癸水：月建於未，若生於小暑後，火氣炎炎，庚辛休囚，宜有壬癸比劫相助，可取富貴；若生於大暑後，庚辛金開始進氣，無比劫亦可，但忌丁火透干。

第5節．癸水生在秋季（申酉戌月）

秋季的癸水，金正當時得令，金水相生，癸水晶瑩清澈，金白水清，氣質清純，最適合出現旺木來洩水之秀氣，代表子孫繁衍；同時有火來見，丁財兩旺。

七月癸水：月建於申，庚金司令，剛銳至極，必取丁火為用剋制庚金，若丁透天干同時有甲，名為有焰之火，必主科甲之名。

八月癸水：月建於酉，純淨至極，正是金白水清之格，故取辛金為用，丙火佐之，名為水暖金溫。如丙與辛兩透，科甲功名可期。

九月癸水：月建於戌，戌土司權，剋制太過，專用辛金做發水之源，同時要見比肩滋潤甲木剋制戊土為妙。九月癸水，辛甲並用。

第6節．癸水生在冬季（亥子丑月）

冬季的癸水，水正當時得令處於旺盛之期，水質澄清深廣。但是冬季天氣寒冷，癸水的性質變得寒冷結霜，甚至凝固，此時便急需調候，暖土熔冰，所以需要以火為用神，調節氣候，讓命局變得陽和，協調五行之氣。冬季的癸水如果有財星丙火丁火生官星戊土己土，就稱得上是好的命局。

十月癸水：月建於亥，旺中有洩，因為亥水藏甲木，洩散元神，宜有丁出干。干見丙丁二火，異路功名。

十一月癸水：月建於子，寒至極點，宜專用丙火解凍，令其不致成冰。干見丙透，則水暖土溫，有財生官，富貴非輕。

十二月癸水：月建於丑，寒極成冰，萬物不長，宜用丙火解凍，或丁火透干。若水暖土潤者，衣食無憂，富貴雙全。

十・二・生・肖・篇

第十七章 論肖鼠者

第1節・十二生肖

十二生肖是中國人對於所生之年的屬相，分別用十二種動物代表（鼠牛虎兔龍蛇馬羊猴雞狗豬），配合十二地支（子丑寅卯辰巳午未申酉戌亥），形成子鼠、丑牛、寅虎、卯兔、辰龍、巳蛇、午馬、未羊、申猴、酉雞、戌狗、亥豬，每十二年循環一次。

十二種生肖各有十二種不同的性格特色，在往後的篇章會逐一為大家介紹。

第2節．十二生肖排首位的肖鼠者

十二地支中排首位的是老鼠（子），它的五行屬水，象徵無孔不入，即分布於全世界的每一個角落，只要有人的地方就有老鼠，無一例外。

子水屬陽，但它具有陰陽兩種特性，是屬於外陽內陰之象，表象是陽，內裏實際藏着百分之一百的陰水（癸水），所以肖鼠之人亦陽亦陰，可黑可白，陰晴不定，變化多端。

每逢鼠年的變化也來得特別多和特別大，鼠疫橫生，甚至瘟疫流行，例如剛過去的 2020 年庚子鼠年便是一個很好的例子。

白天出生的老鼠比晚上出生的老鼠安逸。由於「過街老鼠人人喊打」，老鼠是見不得光之物，所以牠們喜歡在夜間出動，四處尋找食物，白天就躲起來休息「嘆世界」，導致民間有一種說法是：白天出世的肖鼠者較為舒適安逸；晚間出世的肖鼠者較為勞碌。歸究其因，這種說法其實也有事實根據的。

第3節．肖鼠者屬四桃花之一

十二生肖中有四個屬桃花，它們分別是子、午、卯、酉，即鼠、馬、兔、雞四個生肖。

桃花的意思是上述四種生肖的人較其他生肖的人活潑好動，多嘴愛說話，坐不定，喜歡四處走動，特別容易得到異性的青睞，即異性緣特別好，拍拖的機會特別多，結婚運也比另外八個生肖順利。

第4節．肖鼠者的性格特徵

熱情好動：據統計，在晚上出生的鼠人要比在白天出生的鼠人顯得更熱情、更好動，更容易情緒激動。

好奇心強：鼠的本性使屬鼠之人對一切事情無孔不入，他們能夠嚴格地守着自己的秘密，卻是喜歡探聽別人秘密的專家，他們絕不會放過任何一個打聽別人秘密的機會。

愛管閑事愛計較：肖鼠者很愛管他人之閑事，但出發點大多都是好的。他們愛批評別人，愛計較，並且喜歡討價還價。

喜歡察言觀色，反應快：肖鼠者具備隨機應變的能力，冷靜和機警，並且具有敏銳的直覺，反應比其他生肖快，往往能夠逃避風險。

記憶力強：肖鼠者的記憶力很好，對於自己喜愛之物過目不忘，並且獨具慧眼。

浪漫：由於肖鼠者屬四桃花之一，所以肖鼠之人特別浪漫，喜歡追求一種感覺，愛惡隨心。

第5節．跟肖鼠者適合結婚的生肖

肖鼠者比較敏感和膽小，在尋找伴侶的時候特別注重安全感，尤其是鼠女。由於肖牛者做事腳踏實地，有責任感和有擔當，所以肖鼠和肖牛特別配，即地支中的子丑六合。

據統計所得：肖鼠的結婚生肖通常都離不開肖牛（子丑合）；肖猴和肖龍（申子辰三合）；肖蛇（蛇鼠一窩）。

除此以外，肖鼠和肖兔的結合也相當多，不過這個組合婚後較多爭吵，屬於「不是冤家不聚頭」的組合，吵完很快和好，和好後很快又吵過。

第6節．跟肖鼠者相沖的生肖

肖鼠者跟肖馬者犯了六沖，即地支的子午沖。這兩個生肖走在一起容易發生變化、動盪和不安。

至於是否能結合，我們要檢視八字中的日柱，即出生當天。如果日柱不犯沖，肖鼠和肖馬仍然是可以結合的。

第7節・肖鼠對應人體的部位

子水對應人的身體部位為：膀胱、耳道、血液、泌尿系統和生殖系統等。

肖鼠者如果八字原局水多，上述器官容易出事。

第8節・肖鼠其他值得留意之雜項

季節：冬季之寒冬

方位：正北

顏色：黑色、藍色、灰色

數字：子水在八卦中為坎卦，坎為一、六（先天八卦），所以子水也為一和六。

時辰：晚上十一時至翌日凌晨一時

第十八章　論肖牛者

第1節．十二生肖排第二位的肖牛者

十二地支中排第二位的是牛（丑），它的五行屬陰土，象徵著包容、忠厚、正直和善良。

牛是農耕社會中人們最得力的助手之一，人類對牛有著很深的感情，所以常以牛來比喻人的勤勞踏實，刻苦耐勞；牛也是農耕社會中財富的象徵，家中有多少頭牛直接顯示出財富的多寡。

除了農耕，牛在交通、食用、服飾甚至軍事上都得到廣泛運用。戰國時期齊國使用火牛陣進攻敵國和三國時期蜀伐魏的棧道、用牛車運輸等，都是軍事運用的典型例子。

丑土五行屬陰，它表裏如一，外殼為陰，支藏着的三個人元也屬陰，它們分別是己辛癸，己土生辛金，辛金生癸水，這是有水的土壤，即是濕土，最適宜用來種植萬物，植物在丑土身上予取予求，丑土都甘之如飴，所以肖牛者一般都比其他生肖來得大度、寬容、樂於助人和很吃得苦。

第2節．肖牛者屬四墓庫之一

地支中辰戌丑未稱為四大墓庫：辰為水墓，戌為火墓，丑為金墓，未為木墓。

如果把四墓打開便會變成四庫，它們內藏的東西便會湧現出來，所以四庫也代表收藏，代表富有，代表一個人奮鬥後晚年的收成狀態。

凡是八字中多墓庫（辰戌丑未）之人都比較老實，不多嘴，為人較宅。常見的宅男宅女都是八字多辰戌丑未之人，他們都有一個共通點，就是喜歡宅在家中，不擅長與他人交際應酬，只喜歡活在自己的小天地之中自得其樂。

八字多四墓庫的人特別容易與地產結緣，喜歡投資地產，他們經過努力後通常都會有物業，甚至不止一間。

第3節．肖牛者的性格特徵

寬宏大量，腳踏實地：肖牛者在性格上具有寬容大度的氣質和不屈不撓、嚴謹認真的處事作風，而且有貫穿始終的耐性。他們能夠堅守本業，腳踏實地地做好自己的工作，拒絕華而不實。

處事理智，講信用：肖牛者很講信用，不會隨便相信別人的恭維，他們甚至對恭維的語言和過份的奉承感到不舒服，而且在處理事情方面很理智，絕對不會感情用事。

具責任感和有實力：肖牛者是一個責任感很強的人，有著很強的上進心和事業心。在職場上的能力很強，做事情也很負責任，不管工作上出現什麼問題，肖牛者絕對不會選擇逃避，會負起全部責任。他們不會使用不正當的手段或者靠捷徑去獲取利益，他們一定會靠自己的實力和真本事去征服人心。

任勞任怨，正能量強大：肖牛者有著一顆打不倒的心，對工作鞠躬盡瘁，從來不會怨天尤人，就算遇到困難也會迎難而上，堅持到底去爭取最後勝利。

謹小慎微，家庭觀念重：肖牛者處理事情很謹慎，不做自己不熟悉之事，而且傳統觀念重，工作之餘也很重視家庭生活。

感情專一：肖牛者是個很戀舊的人，對待感情特別的專一，一旦被認定為戀愛對象，很難輕易作出改變。

擇善固執，不輕易妥協：肖牛者的缺點之一就是太過固執，對於自己的想法不會因為任何人而改變，也不會隨便接受別人的忠告，總是喜歡堅持到底。

有脾氣：別看肖牛者喜歡沉默不語，其實他們也是有脾氣的人，只是忍耐力比一般人好而已。如果一旦觸碰到他們的原則和底線，他們也會大發脾氣，狠狠地給你一個教訓的。

第4節・跟肖牛者適合結婚的生肖

肖牛者跟肖鼠者特別合拍，這是因為子丑合屬地支的六合之一。除此以外，地支三合局為巳酉丑，即是肖牛跟肖雞和肖蛇是三合關係，他們三者之間相互合拍，也是彼此適合的結婚生肖。

第5節．跟肖牛者相沖的生肖

跟肖牛相沖的生肖是羊（未），因為丑未沖是地支的六沖之一，這兩種生肖除了相沖之外還犯了相刑，又沖又刑容易為婚姻添上許多不穩定的因素。當然，至於是否一定不能結合，我們還要檢視八字中的日柱，即出生當天。如果日柱不犯沖，而且兩柱相合，那麼這是可以抵銷生肖相沖帶來的影響的。

第6節．肖牛對應的人體部位

丑土對於人體的部位分別是：脾、胃、背、肚腹、子宮、陰莖、精囊、嘴唇、皮膚和腰部。如果八字內土多成患，上述的人體部位是很容易出事的。

第7節．肖牛其他值得留意之雜項

季節：冬季之末冬

方位：丑為土，方位對應東北方

顏色：啡色、黃色和芥末色。在風水學上，芥末色屬五黃土，是災星色系，建議在家居佈置方面盡量避免使用芥末色。

數字：丑土在後天八卦中為艮卦，數字為八；先天八卦數字為七。

時辰：凌晨一時至三時

第十九章 論肖虎者

第1節・十二生肖排第三位的肖虎者

十二地支中排第三位的是虎（寅），它的五行屬初春之陽木，象徵著春天，象徵著希望，象徵著積極向上。

老虎是凶猛、勇敢和智慧的古老跨文化象徵，在中國傳統神話和文化中佔有獨特的地位。從藝術到建築，從宗教寓言到小孩的睡前故事，老虎都佔據着重要的地位。

在傳統的道教中，老虎象徵著正義者。牠們與邪惡直接對立，作惡多端的人最後都會被老虎殺掉，所以在道觀的牆壁上畫滿了栩栩如生的老虎。相傳用老虎爪做成的護身符，能賦予佩戴者像老虎般無敵的勇氣，能驅散一切恐懼。

老虎在十二地支中為寅，它的外殼為陽，支藏着的三個人元也屬陽，表裏如一。它們分別是甲丙戊，而甲木生丙火，丙火生戊土，所以寅也是火和土的長生之地。

第2節・肖虎者屬四長生之一

地支中「寅申巳亥」為四長生，它們分別能生出無盡的火、水、金、木。四長生又稱四驛馬，即古代的交通工具，所以四驛馬代表著東奔西跑，代表著變化，也特別容易發生交通意外。

四長生有創造、開拓、發展的能力，遇上長生的大運或者流年，命主的思維會特別活躍，容易有新的思路和想法。

四長生特別怕沖，沖則根基不穩，嚴重的則是連根拔起。

八字四柱內多寅申巳亥的小孩子會經常跌倒，或從牀上掉下來，也代表容易發生突發性的意外或被利器所傷。

第3節・肖虎者的性格特徵

有朝氣活力，具雄心壯志：肖虎者身上有股與生俱來的活力，有用不完的力量，具有無比的毅力與雄心壯志，不達目的誓不罷休。

敢想敢幹，勇於開拓：肖虎者有遠大的理想與氣魄，敢想敢幹，勇於接受新鮮事物，積極開拓新領域，敢冒險。

有正義感，樂於助人：肖虎者有大將風範，為人具有極強的正義感，遇上不公平的事喜歡打抱不平，樂於助人。

頑強自信，剛愎自用：肖虎者有頑強的毅力，永遠對自己有百分百的信心，對於他人的意見很難入耳，剛愎自用。

自以為是，獨斷專行：肖虎者無論做什麼事情都覺得自己是對的，經常自以為是，喜歡獨斷專行。

大情大性，喜怒形於色：肖虎者喜怒形於色，為人大情大性，貫徹表裏如一的特色。

愛出風頭，不怒而威：肖虎者天生就有一股領袖魅力，喜歡發號施令，愛出風頭，享受跟隨者的掌聲與歡呼，不怒而威。

第4節・跟肖虎者適合結婚的生肖

肖虎者跟肖豬者特別合拍，這是因為寅亥合屬地支的六合之一。除此以外，地支三合局為寅午戌，即是肖虎跟肖馬和肖狗是三合關係，他們三者之間相互合拍，也是彼此適合的結婚生肖。

第5節．跟肖虎相沖的生肖

跟肖虎相沖的生肖是猴（申），因為寅申沖是地支的六沖之一，這兩種生肖除了相沖之外還犯了相刑及相剋，是六沖中最嚴重的相沖，這種又沖又刑又剋為婚姻添上許多不利的因素。當然，至於是否一定不能結合，我們還要檢視八字中的日柱，即出生當天。如果日柱不犯沖，而且兩柱相合，那麼這是可以抵銷生肖相沖帶來的影響的。

第6節．肖虎對應的人體部位

寅木對於人體的主要部位分別是：肝膽和手腳，遇上重金相剋，容易有外傷，特別是四肢有損傷。

此外，寅木亦屬臂、肢、筋、脈、毛髮、風門穴和神經系統。

如果八字內木多成患，上述人體部位是很容易出問題的。

第7節・肖虎其他值得留意之雜項

季節：春季之初春

方位：寅為木，方位對應東北方

顏色：對應綠色。在風水學上，綠色屬可以生長、有生命力的色系，建議在家居佈置方面可以多些使用綠色。

數字：寅木在後天八卦中為艮卦，數字為八；先天八卦數字為七。

時辰：早上三時至五時

第二十章 論肖兔者

第1節・十二生肖排第四位的肖兔者

十二地支中排第四位的是兔子（卯），它的五行屬陰木，即乙木，也就是我們經常見到的花花草草和攀藤植物，牠們是美麗和韌性的化身。如果出生之日的天干屬乙木（乙＝卯＝兔），他們的長相也較一般人美麗。乙木女是美女的集中營；乙木男也長得較脂粉氣，有點娘娘腔，喜歡扮靚。

兔子是一種溫馴的動物，牠沒有尖牙和利爪，不會攻擊人類。牠溫文爾雅，美麗動人，易討人歡心，是小孩子喜愛飼養的寵物之一。

兔子為卯，卯的外殼和支藏着的人元也是百分百的乙木，故此曰表裏如一，造就肖兔者在十二生肖中的立場特別堅定，擁有一顆赤子之心，不會輕易動搖。

由於兔子卯木屬文化類別，所以在文化圈中不乏肖兔之人。據統計，在教師行列中，肖兔者佔的比例最多。

第2節．肖兔者屬四桃花之一

十二生肖中有四個屬桃花，它們分別是子、午、卯、酉，即鼠、馬、兔、雞四個生肖。

桃花的意思是上述四種生肖的人較其他生肖的人活潑好動，多嘴，愛說話，坐不定，喜歡四處走動，特別容易得到異性的青睞，即異性緣特別好，拍拖的機會特別多，結婚運也比另外八個生肖順利。

第3節．肖兔者的性格特徵

精明靈活，行動敏捷：有句成語謂「動若脫兔」，它的意思是兔子的行動敏捷，反應快速。肖兔者確實在現實生活中處事精明，手法靈活，執行力強，工作效率以快速見稱。

正直善良，有情有義：諺語有云「兔子不吃窩邊草」，意思是兔子不會吃自己窩旁的草以保護自己之餘亦不會侵犯周圍其他人的利益。而現實生活中的肖兔者確實既正直又善良，對朋友重情重義。

氣質高雅，和藹可親：無論兔男兔女均十分注重個人形象，兔女的舉止優雅迷人，所以美國花花公子雜誌也以「兔女郎」作招徠。兔男也甚具紳士風度，他們在待人處事方面的手法溫和，態度和藹可親，所以在社交圈中很吃得開。

比較偏執，缺乏安全感：兔為卯，卯內藏的是百分之一百的乙木，不含任何雜質，形成肖兔者一旦認定了的事情就很難改變主意。肖兔者又特別缺乏安全感，所謂「狡兔三窟」，意思是兔子有三處可供藏身的洞穴，可以做多種避禍的準備，這都是缺乏安全感的表現。

追求浪漫，較情緒化：兔子卯木是十二地支的四桃花之一，造就了肖兔者喜歡追求浪漫，喜愛幻想，是典型的完美主義者，一旦發現了現實跟幻想有落差時，他們的情緒起伏特別大，為人較情緒化。

第4節・跟肖兔者適合結婚的生肖

肖兔者跟肖狗者特別合拍，這是因為「卯戌」合屬地支的六合之一。除此以外，地支三合局為「亥卯未」，即是肖豬、肖兔和肖羊是三合關係，他們三者之間相互合拍，即是肖豬和肖兔、肖兔和肖羊是彼此適合的結婚生肖。

凡是生肖六合和生肖三合，夫妻關係相對上會較為和諧，容易安居樂業以及家和萬事興。

第5節・跟肖兔者相沖的生肖

肖兔者跟肖雞者犯了六沖，即地支的「卯酉」沖。當這兩個生肖走在一起時，感情容易發生變化、動盪和不安。至於是否能結合，我們需要檢視八字中的日柱，即出生當天。如果日柱不犯沖，肖兔和肖雞仍然是可以結合的。

此外地支中「子卯」相刑，被稱為「無禮之刑」。子即是老鼠，卯即是兔子。但凡老鼠和兔子走在一起時都較容易動情，有一拍即合的現象。但當他們結了婚之後就會經常吵架，吵架好像變成了家常便飯一樣，這都是因為「無禮之刑」的緣故所引起的。不過吵歸吵，他們吵完之後很快便會和好如初。

第6節・肖兔對應的人體部位

卯木（兔）對應人體的部位分別是：十隻手指、肝膽、毛髮、神經系統、卵巢和卵子等。

如果八字內木多成患，或五行欠木，上述的人體部位是很容易出事的。

第7節・肖兔其他值得留意之雜項

季節：春季中之仲春

方位：兔為卯為木，方位對應正東方

顏色：綠色。在風水學上，綠色屬可以生長、有生命力的色系。建議在家居佈置方面，正東方可以多些使用綠色。

數字：卯木在後天八卦中為震卦，數字為三；先天八卦數字為四

時辰：早上五時至七時

第二十一章 論肖龍者

第1節・十二生肖排第五位的肖龍者

十二地支排第五位的是龍（辰），它的五行屬陽土，但陽土內卻收藏著乙木、戊土和癸水，而乙木戊土癸水三個人元的五行既有陽也有陰，這種陰陽混合的情況形成了屬龍的人性格多樣化，陰晴不定，甚至表裏不一，讓人很難捉摸。

龍也是中華民族的圖騰，炎黃子孫被稱為龍的傳人，這是因為很多史書記載了黃帝本身就是龍，百姓將黃帝認作是炎黃子孫的共同祖先。黃帝是龍，炎黃子孫當然也就是「龍子龍孫」了，因此「龍的傳人」便成了中華民族的代名詞。

龍也是至高無上的佼佼者，歷代皇帝身上穿的衣服被稱為「龍袍」，這是因為衣服上綉上了九條龍，隱含有九五之尊之意。天下的父母都渴望自己的子女成材，於是便稱為「望子成龍」；比喻一個人能登上高位便稱為「鯉躍龍門」——**可見中國人對龍的敬畏**。

第2節・肖龍者屬四墓庫之一

地支中辰戌丑未為四大墓庫：辰為水墓，戌為火墓，丑為金墓，未為木墓。辰墓內藏着許多水的能量，如果遇到申金（猴）這條鎖匙，就能把辰這個墓打開，令它湧出許多水來，因此辰又被稱為濕土，因為它除了水之外，還藏着戊土和乙木，濕土的功能主要是散熱和生金。

第3節・肖龍者的性格特徵

膽識過人，有領袖風範：龍的地位崇高，造就了肖龍者膽識過人，天生就有一股領袖風範，喜歡發號施令，掌握一切。

具聰明才智，肯勇往直前：龍可以上天，也可以下海。肖龍者普遍來說都是智商較高的人，他們憑著一股拼勁，勇往直前，創造佳績。

熱情慷慨，樂於助人：辰是陽春三月的代表。清明節過後，天氣變暖，春光明媚，是萬物生長的好時機。辰為土，為大地，大地會無私地為萬物提供養料，此特性造就了肖龍者熱情慷慨、不計較和樂於助人的性格。

天生自帶傲氣，變幻莫測：龍是天之嬌子，海中龍王，所以肖龍者天生自帶一股傲氣。「神龍見首不見尾」也令肖龍者的性格多樣化，變幻莫測。

主觀固執，盛氣凌人：肖龍者剛毅固執，內心有極強的仁義骨氣，有時會不自覺地流露出來，令旁人覺得肖龍者盛氣凌人，有點高高在上的感覺。

第4節．跟肖龍者適合結婚的生肖

肖龍者跟肖雞者特別合拍，這是因為「辰酉」合的緣故，它們屬地支六合之一。除此以外，地支三合局為「申子辰」，即是肖猴、肖鼠和肖龍是三合關係，他們三者之間相互合拍，即是肖鼠和肖龍，肖猴和肖龍也是彼此適合的結婚生肖。凡是生肖六合和生肖三合，夫妻關係相對上會較為和諧，容易安居樂業以及家和萬事興。

第5節．跟肖龍者相沖的生肖

肖龍者跟肖狗者犯了六沖，即地支的「辰戌」相沖。當這兩個生肖的情侶走在一起時，感情容易發生變化、動盪和不安。至於是否能結合，我們需要檢視八字中的日柱，即出生當天。如果日柱不犯沖，肖龍和肖狗仍然是可以結合的。

此外，地支中「辰辰」相刑，被稱為「自刑」。自刑的意思是自尋煩惱，把一些小問題無限放大，形成自我困擾。因此，肖龍者容易處於一種不開心的狀態，同時身上的負能量較多，不自覺地產生一些悲觀的情緒。假如一個人的八字地支出現了兩個「辰」字，那麼便是符合了「辰辰自刑」了。當兩個肖龍者走在一起時，他們之間也容易產生上述的情況。

第6節・肖龍對應人體部位

辰為濕土，對應人的身體部位為肩、胸、背、脾胃、消化系統和皮膚。如果八字中的辰土是忌神，命主的上述器官是容易產生問題。常見的疾病有糖尿病、熱毒、消化不良，嚴重者會變成潰瘍性胃炎病。假如八字中水多，命主極有可能因皮膚問題引發有濕疹。

第7節・肖龍其他值得留意之雜項

季節：春季中之末春

方位：辰為巽卦，方位對應東南方

顏色：啡色，即泥土顏色。

在風水學上，泥土色屬包容性重的色系。命格需要土的人可以在家居佈置方面多採用泥土顏色的系列，也可以在東南方放上龍的擺設以增加土的磁場。

數字：辰土在後天八卦中為巽卦，數字為四；先天八卦數字為五

時辰：早上七時至九時

第二十二章　論肖蛇者

第1節・十二生肖排第六位的肖蛇者

十二地支排第六位的是蛇（巳），它的五行屬陰火，但陰火之內卻收藏著丙火、戊土和庚金，而丙戊庚這三個人元的五行全部都屬陽，這種外陰內陽的情況形成了屬蛇的人容易有雙重性格，陰晴不定，表裏不一，讓人很難捉摸。

這種複雜的性格跟生肖屬龍的人性格相似，都是較為飄忽、好壞難辨的。有一個四字詞語叫「龍蛇混雜」，意思是好人和壞人混在一起。

蛇在十二生肖中是最具有神秘感的、最不可思議的。某些東方人甚至認為蛇是陰險和毒辣的。由於蛇難以捉摸，所以令人容易產生恐懼感。

蛇的壽命很長，每脫一次皮就能夠獲得一次新生，這個獨有的特性象徵著屬蛇的人具有很強的再生能力，也象徵著在每一場戰鬥後都能很快地恢復精力。

中國人在傳統意義上認為在春夏兩季出生的肖蛇人較為厲害，因為冬季是蛇冬眠的季節，所以冬天出生的肖蛇者相對上來說比較安靜和順從。

中國人傳統上也認為蛇跟龍相像，蛇是生長在地上的「小龍」，大龍管天，小龍管地。

中國肖蛇者響噹噹的名人相當多，最著名的要數毛澤東主席和習近平主席，其次是國母宋慶齡、漢高祖劉邦、西楚霸王項羽、大書法家王羲之、愛國詩人屈原。

第2節・肖蛇者屬四長生之一

地支中「寅申巳亥」為四長生，它們分別能生出無盡的木、金、火、水。四長生又稱四驛馬，即古代的交通工具，所以四驛馬代表東奔西跑，代表著變化。也因此特別容易發生交通意外。

四長生有創造、開拓、發展的能力，遇上四長生的大運或流年，會令人的思維特別活躍，特別容易有新的思路和新的想法。

四長生特別怕沖，沖則根基不穩，嚴重的會是連根拔起。

八字四柱內多寅申巳亥四長生的小孩子會經常跌倒，或從床上掉下來，也代表容易有突發性的意外或被利器所傷。

第3節・肖蛇者的性格特徵

聰明好學，易成名人：肖蛇者具有天生的、特有的聰明氣質，愛好文學和藝術，很喜歡讀書，愛聽名曲，愛看戲劇，很易愛上生活中一切美好的東西。

反應敏捷，具幽默感：大部份屬蛇的人都是反應敏捷、天生具有幽默感的，他們總是能用各種開玩笑的方式來活躍氣氛，反應十分敏捷，能讓緊張或尷尬的氣氛一下子輕鬆起來。

喜歡思考，做事有計劃：肖蛇者喜歡思考，能有系統地思維，在行動前早已精心策劃一切，表達能力強，能在適當的場合恰當地闡述自己的觀點，並且能抓住重點，很容易得到大眾的認同，計劃性和目的性非常強。

有勇有謀，領導力強：肖蛇者的自信心極強，喜歡擔任領導者的角色，遇事能冷靜地處理，指揮若定，天生就有一種領袖魅力，面對巨大的壓力時也能面無懼色，所以要應付蛇人是一件令人頭疼的事。

老謀深算，疑心極重：肖蛇者喜歡依靠自己的判斷行事，不會輕易與其他人進行貼心交流，疑心極大，而且把疑心和秘密隱藏在心中，外人很難察覺。

喜怒不形於色，表裏不一：肖蛇者非常相信自己的直覺，不太願意接受別人的意見。在平靜的外表下，時刻都懷著一顆警惕的心，甚至喜怒不形於色，令人覺得蛇人是一個表裏不一的人。

第4節．跟肖蛇者適合結婚的生肖

肖蛇者跟肖猴者特別合拍，這是因為「巳申」合的緣故，它們屬於地支六合之一。除此以外，地支三合局為「巳酉丑」，即是肖蛇、肖雞和肖牛是三合關係，他們三者之間相互合拍，即是肖蛇和肖雞、肖蛇和肖牛也是彼此適合的結婚生肖。凡是生肖六合和生肖三合，夫妻關係相對上會較為和諧，容易安居樂業以及家和萬事興。

不過值得一提的是地支中「巳申」既是六合也同時有相刑的關係，意思是肖蛇和肖猴這兩種生肖的人很容易因為志趣相投走在一起，但也經常彼此用冷戰的方式折磨對方，但又離不開對方，好像有「不是冤家不聚頭、被人綁著來打」的感覺。

第5節・跟肖蛇者相沖的生肖

肖蛇者跟肖豬者犯了六沖，即地支的「巳亥」沖。當這兩個生肖的情侶走在一起時，感情容易發生變化、動盪和不安。至於是否能結合，我們需要檢視八字中的日柱，即出生當天。如果日柱不犯沖，肖蛇和肖豬仍然是可以結合的。

第6節・肖蛇對應的人體部位

巳的五行屬火，對應的人體器官為心臟。巳也代表右心房和右心室。除此以外，巳還代表與血管和血液流通過程中的所有的病症，例如腦血栓等。

如果八字中巳火過多或受到沖刑時，上述器官都容易發生問題。

第7節・肖蛇其他值得留意之雜項

季節：夏季之初夏

方位：巳為巽卦，方位對應東南方偏南

顏色：紅色系列，即紫、紅、橙、粉紅、蝦肉色。在風水學上，紅色系列屬暖色色系。命格需要火的人可以在家居佈置方面多採用上述顏色的系列，也可以在東南方放上蛇的擺設以增加火的磁場。

數字：巳火在後天八卦中為巽卦，數字為四；先天八卦數字為五

時辰：早上九時至十一時

第二十三章 論肖馬者

第1節．十二生肖排第七位的肖馬者

十二地支排第七位的是馬（午），它的五行屬陽火，但陽火之內卻收藏著丁火和己土。而丁己這兩個人元的五行都屬陰，這種外陽內陰的情況形成了屬馬的人容易有雙重性格，陰晴不定，表裏不一，讓人很難捉摸。這種複雜的性格跟生肖屬龍、屬蛇的人性格相似，都是較為飄忽、好壞難辨的。馬在十二生肖中是最具動態的，從古至今對人類的貢獻都很大，牠跟人類的生活有着密切的關係。

古代除了用馬匹作為交通工具外，馬匹是戰爭中不可缺少的夥伴；現代人雖然用汽車取代了馬匹作為交通工具，但馬仍然肩負着很多重任，例如賽馬活動是很多先進國家的體育娛樂活動之一，舉世矚目的奧運會也有馬術競技。

不但如此，人類也有很多與馬有關的吉祥的四字成語，諸如：一馬當先、馬到功成、車水馬龍、萬馬奔騰、招兵買馬、馬首是瞻等等，人類對馬的喜愛程度由此可見一斑。

第2節・肖馬者屬四桃花之一

馬是十二生肖當中的四桃花之一。

四桃花的意思是鼠、馬、兔、雞四種生肖，這四種生肖的人較其他生肖的人活潑好動，多嘴，愛說話，坐不定，喜歡四處走動，也特別容易得到異性的青睞，即異性緣特別好，拍拖的機會特別多，結婚運也比另外八個生肖順利。

第3節．肖馬者的性格特徵

精力旺盛，剛毅果斷：肖馬者精力旺盛，好動活潑，沒有一刻肯停下來，而且性格剛毅果斷，做事從來不會拖泥帶水、也不會猶豫不決，這可能是源於馬匹的始祖是人類的交通工具，而馬匹要經常上戰場衝鋒陷阱的緣故。

善惡分明，耿直熱情：肖馬者善惡分明，處事方式直接了當，絕對不會含糊，而且耿直熱情，不介意為他人付出，尤其是在感情方面，倘若一旦喜歡上一個人就很容易會不顧一切，貫徹始終。

不怕困難，勇往直前：肖馬者天生就有一股勇往直前的勇氣，不怕困難，過關斬將，面不改色，勇氣可嘉。由於不畏難，成功的機會率比其他生肖為高。

脾氣急躁、處事欠冷靜：肖馬者的脾氣急躁，性格火爆，尤其是遇上一些不順心之事，脾氣便一發不可收拾。處事欠冷靜之餘，還十分固執，一旦得不到自己想要的效果時，便牢騷滿腹，面露不快。

個性倔強、魯莽衝動：肖馬者的個性倔強，一旦決定了的事情便很難改變初衷，有時甚至憑直覺去處理事情，較粗枝大業。這種魯莽衝動往往令肖馬者吃上不少苦頭，只是他們大多數都是一個健忘者，很快便「好了傷疤忘了痛」。

第4節・跟肖馬者適合結婚的生肖

肖馬者跟肖羊者特別合拍，這是因為「午未」合的緣故，它們屬於地支六合之一。除此以外，地支三合局為「寅午戌」，即是肖虎、肖馬和肖狗是三合關係，他們三者之間相互合拍，即是肖虎和肖馬、肖馬和肖狗也是彼此適合的結婚生肖。凡是生肖六合和生肖三合，夫妻關係相對上會較為和諧，容易安居樂業以及家和萬事興。

第5節・跟肖馬者相沖的生肖

肖馬者跟肖鼠者犯了六沖，即地支的「子午」相沖。當這兩個生肖的情侶走在一起時，感情容易發生變化、動盪和不安。至於是否能結合，我們需要檢視八字中的日柱，即出生當天。如果日柱不犯沖，肖馬和肖鼠仍然是可以結合的。

此外，地支中「午午」是自刑的關係，意思是兩個肖馬的人很容易因為志趣相投走在一起，但也經常彼此吹毛求疵，過份挑剔對方而不自知，又喜歡把小問題無限放大，為彼此造成困擾並且帶來煩惱，所以兩個肖馬者結合不是一件好事。

第6節・肖馬對應人體的部位

午的五行屬火，對應人體的器官為心臟和腹腔。此外，午火亦代表心腦血管病、眼疾、心慌、心悸等，而且容易有消化不良和胰臟病。

如果八字中午火過多或受到大運或流年的沖刑時，上述器官都容易發生問題。

第7節・肖馬其他值得留意之雜項

季節：夏季之盛夏

方位：午為離卦，方位對應正南方

顏色：紅色系列，即紫、紅、橙、粉紅和蝦肉色。

在風水學上，紅色系列屬暖色色系。命格需要火的人可以在家居佈置方面多採用上述顏色的系列，也可以在正南方放上馬的擺設以增加火的磁場。喜歡掛畫又要補火的人，「九馬圖」是補火的不二之選。

數字：午火在後天八卦中為離卦，數字為九，先天八卦數字為三

時辰：中午十一時至下午一時

第二十四章 論肖羊者

第1節・十二生肖排第八位的肖羊者

十二地支排第八位的是羊（未），它的五行屬陰土，在陰土這個外殼之內收藏著乙木、己土和丁火，而乙己丁這三個人元的五行都屬陰，這種外陰內陰的情況形成了屬羊的人表裏如一。

由於陰氣較重的關係，肖羊者的負能量相對較其他生肖高，也相對地較怕事，所以自古以來就有「純如綿羊」這個四字詞。坊間也用「羊牯」引申為在賭博活動中被別人隨意欺騙的人，也比喻外行人、門外漢等。

除此以外，在民間還流傳着一個說法：「十羊九不全」，它的意思是屬羊的人命不好，十個肖羊人當中有九個是家人不全的，不是小小的沒有父母，就是中途喪偶，或者是沒兒沒女。由於這個原因，肖羊是古代人比較忌諱的，很多夫妻會選擇避開不在羊年生育。其實這種說法是錯誤的，因為我們出生的時候有八個字，不能只計一個生肖，所以上述的民間說法其實有點以偏概全。

第2節・肖羊者屬四墓庫之一

地支中辰戌丑未稱為四墓庫，「未」為其中之一，屬木墓。如果八字的地支內有「亥」這個字，就有可能把木墓打開，使之變成木庫，它內藏的東西即乙木己土和丁火便會湧現出來。所以四庫也代表收藏，代表富有，代表一個人奮鬥後晚年的收成狀態。

凡是八字中多墓庫（辰戌丑未）之人都比較老實，不多嘴，為人較宅。常見的宅男宅女都是八字多辰戌丑未之人，他們都有一個共通點，就是喜歡宅在家中，不擅長與他人交際應酬，只喜歡活在自己的小天地之中自得其樂。

八字多四墓庫的人也特別容易與地產結緣，而且喜歡投資地產，他們經過努力後通常都會有物業，甚至不止一間。

第3節・肖羊者的性格特徵

性格溫純，樂善好施：肖羊者的性格溫純、慢熱，與他人初接觸的時候甚至有些羞怯。當看到別人有困難時，肖羊者會慷慨地伸出援手，這種樂善好施的性格深受讚賞。

寬容待人且具耐性：肖羊者不小器，對待朋友十分寬容，就算別人做了一些對不起自己的事，只要對方肯認錯，肖羊者一般都會原諒對方，而且很有耐性地聽對方的解釋和聽他們訴苦。

真誠不虛偽：肖羊者待人十分真誠，為人親切正直，絕對不會戴上假面具交朋友，這種不虛偽的性格很得人心，也很容易被他人接納。

容易上當受騙：肖羊者的思想單純，很容易相信別人所說的話，易被他人的經歷所感染，因此很容易上當受騙，成為「羊牯」。

較悲觀，負能量重：由於肖羊者之「未」字內外純陰，天生的負能量較其他生肖重，導致肖羊者一旦遇上挫折時就會顯得較悲觀，無論對前景或對自己都很容易失去信心。

花費欠計劃，處事猶豫不決：肖羊者對財富的管理欠周詳的計劃，只是隨心所慾地花費。遇到重要的事情時總是思前想後，這種猶豫不決的性格令肖羊者錯失了很多機會。

欠交際手腕，不擅長表達：肖羊者喜歡宅在自己的小天地中，如非必要，不想交際應酬，對陌生人不擅長打開話盒子，寧願選擇沉默。

第4節・跟肖羊者適合結婚的生肖

肖羊者跟肖馬者特別合拍，這是因為「午未」合屬地支的六合之一。除此以外，地支三合局為「亥卯未」，即是肖豬、肖兔和肖羊是三合關係，他們三者之間相互合拍，即是肖羊和肖兔、肖豬和肖羊是彼此適合的結婚生肖。

凡是生肖六合和生肖三合，夫妻關係相對上會較和諧，容易安居樂業以及家和萬事興。

第5節・跟肖羊者相沖的生肖

跟肖羊相沖的生肖是肖牛（丑），因為丑未沖是地支的六沖之一，這兩種生肖除了相沖之外還犯了相刑，又沖又刑容易為婚姻添上許多不穩定的因素。他們的結合比其他生肖容易產生動盪和不開心，有被困的感覺。

當然，至於是否一定不能結合，我們還要檢視八字中的日柱，即出生當天。如果日柱不犯冲，而且兩柱相合，那麼這是可以抵銷生肖相沖帶來的負面影響的。

第6節・肖羊對應的人體部位

未的五行屬土，於應人體的器官為脊樑和脊椎，也可以代表脾臟和腹腔。如果八字中土過多或欠缺，或未土受到大運或流年的沖刑時，上述器官都容易發生問題。

第7節・肖羊其他值得留意之雜項

季節：夏季之末

方位：未為坤卦，方位對應西南方

顏色：泥土色系列，即啡色、泥黃色和芥末色

在風水學上，泥土色系列屬中性色系。命格需要土的人可以在家居佈置方面多採用啡色和泥黃色，但要避免用芥末色，因為芥末色代表五黃土，屬於災星的顏色。其次也可以在西南方放上羊的擺設以

增加土的磁場。喜歡掛畫又要補土的人，掛有長城的畫是補土的不二之選。

數字：未土在後天八卦中為坤卦，數字為二，先天八卦數字為八

時辰：下午一時至三時

第二十五章 論肖猴者

第1節・十二生肖排第九位的肖猴者

十二地支排第九位的是申（猴），它的五行屬陽金，在陽金這個外殼之內收藏著庚金、壬水和戊土，而庚壬戊這三個人元的五行都屬陽，這種外陽內陽的情況形成了屬猴的人表裏如一。由於陽氣較重的關係，肖猴者的正能量相對較高，處事也明刀明槍，不會陽奉陰違。

此外，猴子屬於人猿靈長目動物的成員，靈長目是動物界最高等的類羣，牠們有着跟人類相似的行為模式，不但聰明伶俐，而且善解人意，《西遊記》中的孫悟空就是其中的佼佼者。

第2節．肖猴者屬四長生之一

地支中「寅申巳亥」為四長生，它們分別能生出無盡的火、水、金、木。四長生又稱四驛馬，即古代的交通工具，所以四驛馬代表東奔西跑，代表著變化，也特別容易發生交通意外。

四長生有創造、開拓、發展的能力，遇上長生的大運或者流年，命主的思維會特別活躍，容易有新的思路和想法。

四長生特別怕沖，沖則根基不穩，嚴重的則是連根拔起。

八字四柱內多寅申巳亥的小孩子會經常跌倒，或從牀上掉下來，也代表容易發生突發性的意外或被利器所傷。

由於肖猴者屬四長生之一，所以要特別注意因驛馬星變動帶來的影響。

第3節．肖猴者的性格特徵

機智活潑，思維敏捷：肖猴者有股與生俱來的能力，就是機智活潑，遇上難題時能馬上產生急智，這種敏捷的思維模式在其他生肖中不多見。

善解人意，人緣特好：肖猴者不論男女都善於察言觀色，能很快捕捉到對方的眉頭眼額以及對方所需，這種善解人意的優勢令肖猴者的人緣非常好，甚至在朋友中大受歡迎。

行動迅速，執行力強：肖猴者由於反應快，令他們的行動迅速，做事效率高，交給他們處理的事情通常都能很快完成，他們以執行力強見稱。

適應新環境的能力高：猴子長年生活在深山野林中卻能遊刃有餘，造就了肖猴者有一股與生俱來的適應力，牠們無論在什麼地方、什麼環境下都能很快適應，能力超強。

缺乏耐性，毅力不足：肖猴者對所有新鮮事物都有極強的興趣，但不持久，缺乏耐性與毅力，新鮮感一過便提不起興趣了，造成他們有虎頭蛇尾、不能堅持到底的現象。

眼高手低，自我陶醉：肖猴者的另一個缺點是眼高手低，經常為自己訂立很高的目標，到最後未能完成時又為自己找很多藉口開脫，甚至自圓其說，自我陶醉一番。

第4節・跟肖猴者適合結婚的生肖

肖猴者跟肖蛇者特別合拍，這是因為「巳申」合的緣故，它們屬於地支六合之一。

除此以外，地支三合局為「申子辰」，即是肖猴、肖鼠和肖龍是三合關係，他們三者之間相互合拍，即是肖猴和肖鼠、肖猴和肖龍也是彼此適合的結婚生肖。凡是生肖六合和生肖三合，夫妻關係相對上會較為和諧，容易安居樂業以及家和萬事興。不過值得一提的是地支中「巳申」既是六合也同時有相刑的關係，意思是肖猴和肖蛇這兩種生肖的人很容易因為志趣相投走在一起，但也經常彼此用冷戰的方式折磨對方，但又離不開對方，好像有「不是冤家不聚頭、被人綁著來打」的感覺。

第5節・跟肖猴者相沖的生肖

跟肖猴相沖的生肖是肖虎（寅），因為寅申沖是地支的六沖之一，這兩種生肖除了相沖之外還犯了相刑及相剋，是六沖中最嚴重的相沖，這種又沖又刑又剋為婚姻添上許多不利的因素，特別容易造成動盪和不開心。當然，至於是否一定不能結合，我們還要檢視八字中的日柱，即出生當天。如果日柱不犯沖，而且兩柱相合，那麼這是可以抵銷生肖相沖帶來的影響的。

第6節・肖猴對應的人體部位

申金對應人的身體部位為經絡、大腸和骨骼。肖猴者如果八字原局金多或欠金，或申金受到沖刑時，上述器官均容易出事。

第7節・肖猴其他值得留意之雜項

季節：秋季之初秋

方位：申為坤卦，方位對應西南方偏西

顏色：金色、白色、銀色

命格需要補金的人可以在家居佈置方面多採用上述顏色，也可以在西南方放上猴子的擺設以增加金的磁場，也可以在西南偏西的位置放一些金屬擺設，或一些金屬掛畫。

數字：申金在後天八卦中為坤卦，數字為二，先天八卦數字為八

時辰：下午三時至五時

第二十六章 論肖雞者

第1節·十二生肖排第十位的肖雞者

十二地支排第十位的是雞（酉），它的五行屬陰金，在陰金這個外殼之內收藏著百分之一百的辛金，而辛金這個人元的五行也是屬陰，這種外陰內陰的情況形成了肖雞者跟肖羊者和肖猴者一樣：表裏如一。由於陰氣較重的關係，肖雞者的負能量相對較其他生肖高，同時由於酉酉自刑的關係，肖雞者的情緒起伏也較大，受到自身情緒的影響也較重。

此外，雞與人類的關係十分密切，牠能從 15000 多種哺乳類動物與鳥類中脫穎而出，成為人類最重要的動物伴侶，從我們每天吃的雞肉和雞蛋就可見一斑。

第2節．肖雞者屬四桃花之一

十二生肖中有四個屬桃花，它們分別是子、午、卯、酉，即鼠、馬、兔、雞四個生肖。

桃花的意思是上述四種生肖的人較其他生肖的人活潑好動，多嘴，愛說話，坐不定，喜歡四處走動，特別容易得到異性的青睞，即異性緣特別好，拍拖的機會特別多，結婚運也比另外八個生肖順利。肖雞者便是四大桃花之一。

第3節．肖雞者的性格特徵

精明幹練，組織能力強：雞是群居動物，牠們自幼生活在一個群體家庭，造就了肖雞者擁有天賦的精明幹練的性格，群體合作性高，組織能力強。

嚴肅認真，處事果斷：肖雞者處事嚴肅認真，甚至一絲不苟，交給他們的任務會很嚴肅認真地對待，他們處事果斷，絕不會拖泥帶水。

處事盡責，貫徹始終：古代的農人早起耕種，晨雞的任務是每天都要準時司晨，風雨不改。可能在這種基因的影響下，大部分肖雞者都能處事盡責，貫徹始終，受人讚賞。

富正義感，好打抱不平：肖雞者與生俱來便有正義感，對於不合理的事情不會啞忍，肯為他人打抱不平，同時不畏強權，就好像母雞為保護小雞夠膽跟老鷹對峙一樣。

自我要求高，喜愛派頭：雞的外表天生美麗，色彩繽紛的羽毛叫人一見難忘，造就了肖雞者不論男女都喜歡打扮，對人對己要求高，行事講究派頭，美的觸覺強烈，尤其是對色彩的敏感度十分高。

好勝心強，情緒起伏大：沿於春秋戰國就有家喻戶曉的「鬥雞遊戲」，造就了肖雞者的好勝心，他們喜歡作戰到底，不到最後關頭絕對不會認輸，這種超強的好勝心令肖雞者的情緒起伏特別大。

第4節．跟肖雞者適合結婚的生肖

肖雞者跟肖龍者特別合拍，這是因為「辰酉」合的緣故，它們屬於地支六合之一。除此以外，地支三合局為「巳酉丑」，即是肖蛇、肖雞和肖牛是三合關係，他們三者之間相互合拍，即是肖蛇和肖雞、肖雞和肖牛也是彼此適合的結婚生肖。凡是生肖六合和生肖三合，夫妻關係相對上會較為和諧，容易安居樂業以及家和萬事興。

第5節．跟肖雞者相沖的生肖

肖雞者跟肖兔者犯了六沖，即地支的「卯酉」沖。當這兩個生肖走在一起時，感情容易發生變化、動盪和不安。至於是否能結合，我們需要檢視八字中的日柱，即出生當天。如果日柱不犯沖，肖雞和肖兔仍然是可以結合的。

此外，地支中「酉酉」相刑，被稱為「自刑」。自刑的意思是自尋煩惱，把一些小問題無限放大，形成自我困擾。因此，肖雞者容易處於一種不開心的狀態，同時身上的負能量較多，不自覺地產生一些悲觀的情緒。假如一個人的八字地支出現了兩個「酉」字，那麼便是符合了「酉酉自刑」了。當兩個肖雞者走在一起時，他們之間也容易產生上述的情況。

第6節．肖雞對應的人體部位

酉金對應人的身體部位為肺、乳房、胸部、口腔以及內分泌系統。肖雞者如果八字原局金太多或欠金，或酉金受到沖刑時，上述器官均容易出事。

第7節．肖雞其他值得留意之雜項

季節：秋季之中秋

方位：酉為兌卦，方位對應正西方

顏色：金色、銀色和白色

命格需要補金的人可以在家居佈置方面多採用上述顏色，也可以在正西方放上金雞的擺設以增加金的磁場，也可以考慮在正西方的位置放一些金屬擺設，或掛一些金屬掛畫。

數字：酉金在後天八卦中為兌卦，數字為七，先天八卦數字為二

時辰：下午五時至七時

第二十七章 論肖狗者

第1節．十二生肖排第十一位的肖狗者

十二地支排第十一位的是狗（戌），它的五行屬陽土，在陽土這個外殼之內收藏著辛金、丁火和戊土，而辛丁的五行屬陰，戊土屬陽，換言之，戌土內藏的人元有陽有陰，這種亦陽亦陰的情況形成了肖狗者表裏不一，可黑可白，可忠可奸，可正可邪，性格相當多樣化。

事實上狗是人類最忠實的好朋友，動物心理學家認為：狗狗的智力大約相當於一個兩歲到兩歲半的兒童，牠們甚至可以理解多達250個單詞和手勢，實在令人驚訝。

第2節．肖狗者屬四墓庫之一

地支中辰戌丑未稱為四大墓庫，戌為其中之一，屬火墓。

如果八字的地支內有「寅」這個字，就有可能把火墓打開，使之變成火庫，它內藏的東西即辛金、丁火和戊土便會湧現出來。所以四庫也代表收藏，代表富有，代表一個人奮鬥後晚年的收成狀態。

凡是八字中多墓庫（辰戌丑未）之人都比較老實，不多嘴，為人較宅。常見的宅男宅女都是八字多辰戌丑未之人，他們都有一個共通點，就是喜歡宅在家中，不擅長與他人交際應酬，只喜歡活在自己的小天地之中自得其樂。

八字多四墓庫的人特別容易與地產結緣，喜歡投資地產，他們經過努力後通常都會有物業，甚至不止一間。

第3節・肖狗者的性格特徵

重情仗義，恪盡職守：肖狗者富有正義感，對待朋友重情仗義，只要力所能及，必定幫忙。同時能恪盡職守，絕對不會馬虎了事。

謙恭有禮，待人忠誠：肖狗者不論對待男女老幼均謙恭有禮，平易近人，親切感十足，令人很容易放下戒心。他們與生俱來就有一股待人忠誠的態度，一旦認定了你是朋友，那便成了一輩子的事情。

感情專一，有始有終：肖狗者不論男女，他們在感情上都十分專一，很少會有異心，除非對方先變心。他們對待感情有始有終，就算彼此合不來也會有個清楚的交待，絕對不會無疾而終。

心地善良，具有童真：肖狗者心地善良，看到別人有困難時，通常都會義不容辭地幫忙，而且他們不論年紀多大，總會有一顆童心，保留着童心未泯的特質。

盲目順從，易燥易怒：肖狗者有一個缺點，就是很少思考對錯，只要你成為他們信任的人，他們便會盲目地順從，遇到有違背心意的事情時，他們通常都會易燥易怒，甚至一發不可收拾。

杞人憂天，善妒猜疑：肖狗者的另一個缺點是杞人憂天，未發生的事情都會提早擔憂一番，而且天生有股善妒猜疑的情緒，容易造成不開心的情況經常出現。

第4節．跟肖狗者適合結婚的生肖

肖狗者跟肖兔者特別合拍，這是因為「卯戌」合屬地支六合之一的緣故。除此以外，地支三合局為「寅午戌」，即是肖虎、肖馬和肖狗是三合關係，他們三者之間相互合拍，即是肖狗和肖馬、肖虎和肖狗是彼此適合的結婚生肖。

凡是生肖六合和生肖三合，夫妻關係相對上會較和諧，容易安居樂業以及家和萬事興。

第5節·跟肖狗者相沖的生肖

肖狗者跟肖龍者犯了六沖，即地支的「辰戌」相沖。當這兩個生肖的情侶走在一起時，感情容易發生變化、動盪和不安。至於是否能結合，我們需要檢視八字中的日柱，即出生當天。如果日柱不犯沖，肖龍和肖狗仍然是可以結合的。

第6節·肖狗對應的人體部位

戌土對應人的身體部位為：脾胃、皮膚和心臟，因為戌是火庫的關係。

肖狗者如果八字原局土太多或欠土，或戌土受到沖刑時，上述器官均容易出事。

第7節．肖狗其他值得留意之雜項

季節：秋季之末

方位：戌為土，方位對應西北方

顏色：啡色、黃色和芥末色。在風水學上，芥末色屬五黃土，是災星色系，建議在家居佈置方面盡量避免使用芥末色。

數字：戌土在後天八卦中為乾卦，數字為六，先天八卦數字為一

時辰：晚上七時至九時

第二十八章 論肖豬者

第1節．十二生肖排第十二位的肖豬者

十二地支排最後一位的是豬（亥），它的五行屬陰水，在陰水這個外殼之內收藏著壬水和甲木，而壬甲的五行屬陽，這種外陰內陽的情況形成了屬豬的人容易有雙重性格，陰晴不定，表裏不一，讓人很難捉摸。這種複雜的性格跟生肖屬龍、屬蛇者的性格相似，都是較為飄忽、好壞難辨的。

此外，豬與雞一樣，牠們與人類的關係十分密切，我們每天的菜譜通常都離不開豬。

豬的外型胖嘟嘟的，一副憨厚老實的樣子，所以父母罵小孩子笨時通常都會說：「你蠢過隻豬！」

其實豬一點也不笨，動物專家表示，豬的智商在75-85左右，比小狗還要高，這種數值與一個3~4歲兒童的智商水平差不多，所以大家以後別把豬當做「蠢豬」了。

第2節・肖豬者屬四長生之一

地支中「寅申巳亥」為四長生，它們分別能生出無盡的火、水、金、木。四長生又稱四驛馬，即古代的交通工具，所以四驛馬代表東奔西跑，代表著變化，也特別容易發生交通意外。

四長生有創造、開拓、發展的能力，遇上長生的大運或者流年，命主的思維會特別活躍，容易有新的思路和想法。

四長生特別怕沖，沖則根基不穩，嚴重的則是連根拔起。

八字四柱內多寅申巳亥的小孩子會經常跌倒，或從床上掉下來，也代表容易發生突發性的意外或被利器所傷。

由於肖豬者是四長生之一，所以要特別注意因驛馬星變動帶來的影響。

第3節．肖豬者的性格特徵

性格隨和不挑剔：肖豬者的性格隨和，跟任何類別的人都很容易成為朋友，而且從不挑剔，朋友的優點和缺點都照單全收，所以在朋友圈中很受歡迎。

喜歡享受不強求：肖豬者天生有股樂天知命的性格，對人對事從不強求，而且天生有點懶惰，喜歡吃喝玩樂，享受當下。

待人誠懇具同情心：肖豬者的另一個優點是待人誠懇，不論貧富，階級觀念不重，而且很有同情心，與生俱來就有一股悲天憫人的情懷，樂於助人，不求回報。

固執保守不變通：肖豬者的性格較固執保守，立場堅定，自己一旦認定了的事情，很難令他們改變主意的，這種不肯變通的處世態度確實令肖豬者吃了不少苦頭。

容易受騙易動真情：肖豬者的思想簡單直接，不擅長深謀遠慮，而且十分容易動真情，所以很容易上當受騙。幸好肖豬者天生擁有樂觀的性格，睡醒了又是一個好晴天。

情緒波動欠穩定：肖豬者大情大性，易哭易笑，從不掩飾自己，所以給人一種情緒波動大、情緒欠穩定的感覺。

第4節．跟肖豬者適合結婚的生肖

肖豬者跟肖虎者特別合拍，這是因為「寅亥」合屬地支六合之一。除此以外，地支三合局為「亥卯未」，即是肖豬、肖兔和肖羊是三合關係，他們三者之間相互合拍，即是肖豬和肖兔、肖豬和肖羊是彼此適合的結婚生肖。

凡是生肖六合和生肖三合，夫妻關係相對上會較和諧，容易安居樂業以及家和萬事興。

第5節．跟肖豬者相沖的生肖

肖豬者跟肖蛇者犯了六沖，即地支的「巳亥」沖。當這兩個生肖的情侶走在一起時，感情容易發生變化、動盪和不安。至於是否能結合，我們需要檢視八字中的日柱，即出生當天。如果日柱不犯沖，肖蛇和肖豬仍然是可以結合的。

此外，地支中「亥亥」相刑，被稱為「自刑」。自刑的意思是自尋煩惱，把一些小問題無限放大，形成自我困擾。因此，肖豬者容易處於一種不開心的狀態，同時身上的負能量較多，不自覺地產生一些悲觀的情緒。假如一個人的八字地支出現了兩個「亥」字，那麼便是符合了「亥亥自刑」了。當兩個肖豬者走在一起時，他們之間也容易產生上述的情況。

第6節・肖豬對應的人體部位

亥水對應人的身體部位為：腎、膀胱、耳道、血液流動系統、泌尿系統和生殖系統等。

肖豬者如果八字原局水多或欠水，或亥水受到沖刑時，上述器官均容易出事。

第7節・肖豬其他值得留意之雜項

季節：冬季之初冬

方位：西北方

顏色：黑色、藍色、灰色

數字：亥水在八卦中為乾卦，乾卦為六，先天八卦為一，所以亥水也為一和六。

時辰：晚上九時至十一時

實・際・應・用・篇

第二十九章 立春日與犯太歲及沖太歲

第1節・立春日

中國人的傳統農曆新年是由正月初一開始的，所以有很多人誤以為大年初一零時零分就是進入另一個生肖，其實這個概念是錯誤的。

中國有二十四個節氣，以立春為首。**當立春降臨的時刻才是代表新一年的到來**。

例如 2023 年的立春日在農曆正月十四日上午 10 時 42 分 21 秒，比正月初一遲了整整十四天。換言之，由正月初一至正月十四日上午 10 時 42 分 21 秒前出生的嬰兒仍然屬虎，**要待正月十四日 10 時 42 分 21 秒後出生的嬰兒才是屬兔**，這是很多人都會弄錯的事項。

第2節・盲年與雙春

2023 年的立春日在農曆正月十四日到來，而 2024 年的立春日卻提早在 2023 年農曆十二月二十五日出現，這樣便導致了 2023 年內有兩個立春，俗稱「雙春」，也因此造成了 2024 年沒有立春，因此 2024 甲辰年會被稱為「盲年」或「寡婦年」，傳統上認為是不利嫁娶的，因為沒有了「春」。

那麼是否真的在沒有立春的年頭就不宜嫁娶呢?答案是否定的。只要一對新人配合生辰八字擇一個好日子結婚，仍然可以「執子之手，與子偕老」的，預備在 2024 甲辰年結婚的讀者們大可以放心。

第3節・犯太歲

犯太歲在命理上來說即是出生之年的生肖跟流年的生肖相同便屬「犯太歲」了，犯太歲又叫「值太歲」。例如你的生肖屬兔，每逢兔年就是「犯太歲」了。換言之，每個人每隔十二年便會有一次「犯太歲」的機會。

第4節・沖太歲

沖太歲在命理上來說即是出生之年的生肖跟流年的生肖相沖便屬「沖太歲」。例如你的生肖屬兔，每逢雞年就是「沖太歲」了，這是因為兔為「卯」，雞為「酉」，十二地支「卯酉」是相沖的。

換言之，每個人都會每隔六年便犯一次「沖太歲」。

第5節・刑太歲、害太歲和破太歲

除了犯太歲和沖太歲外，還有刑太歲、害太歲和破太歲。害太歲和破太歲是盲派的理論，隨着歲月的推移，事實上證明了害太歲和破太歲對人類的影響不大，所以可以不用理會，至於刑太歲就值得我們重視及注意。

第6節・犯太歲、沖太歲和刑太歲的影響

不論犯太歲、沖太歲或刑太歲都意味着人生的軌跡出現「大變化」。這些

變化往往會給屬於該生肖的人帶來一些不幸。例如：生病、搬家、轉換工作、工作上出現阻滯、財運欠佳、感情困擾、分手等，嚴重者還會有意外、血光、住院，確實值得大家關注。在「犯太歲」、「沖太歲」和「刑太歲」當中，「沖太歲」的影響力最大，其次是犯太歲和刑太歲。

第7節・犯太歲、沖太歲和刑太歲的化解方法

化解犯太歲、沖太歲或刑太歲的傳統方法是在指定的日子去廟宇「攝太歲」，目的是跟太歲爺打個招呼，求關注，讓太歲爺手下留情，在太歲年提升運氣，事事順利，如意吉祥。

「攝太歲」是有特定的日子的。正宗的「攝太歲」日是指定每年農曆的正月初八，當天百無禁忌，全日都適合「攝太歲」，不需另擇吉時。如果當天未能抽空前往廟宇，那麼便要按照自己的八字所需，再另找吉日「攝太歲」了。不懂擇日的讀者可以選初一或十五前往，這兩天去「攝太歲」也

是百無禁忌，無需另擇吉時的。「攝太歲」最好在正月十五日或之前進行。萬一不能親身前往拜祭，可以找人代為「攝太歲」的，只需要叫「代攝人」向太歲爺報上當事人的姓名、出生日期和居住地址便可以了。

第8節・攝太歲的程序與供品

1. 去年曾攝太歲的人士應先「還太歲」再「攝太歲」，「還太歲」應該在立春前完成。
2. 要預先準備好香燭及買太歲衣或祈福衣紙。按照太歲衣紙上的說明、步驟和表格，填寫犯太歲者的籍貫、姓名、出生年月日（農曆）、住址和拜太歲當天的日期。
3. 預備好意頭的水果和糖果祭品，水果宜準備每款一對。
4. 入廟後先拜當年的太歲大將軍，然後拜自己出生年份的太歲，之後向其餘 59 位太歲躹躬。

5. 誠心拜太歲後，要把太歲寶衣化掉。

6. 完成後，求一張「平安符」放在身上，祈求新一年平安順利，趨吉避凶。

第9節・攝太歲以外，可以「用喜擋災」

所謂「一喜擋三災，無喜是非來」，犯太歲、沖太歲或刑太歲者如果有喜事發生，會自動擋去霉運的。所謂喜事例如結婚、添丁、壽宴、置業等均屬喜事。

除此之外，犯太歲、沖太歲和刑太歲者切勿在太歲年做一些太進取之事，建議「一動不如一靜」，切勿輕舉妄動，宜低調行事便可平安大吉。

第三十章 八字碰上沖刑時的影響

第1節・八字的分配

每個人在出生的時候都會根據出生的年月日時獲得一個八字：

有些人獲分配一個**上等**的八字；

有些人獲分配一個**中等**的八字；

有些人獲分配一個**下等**的八字；

有些人獲分配一個**奇差**的八字。

第2節・當八字遇上沖刑時

當我們獲分配的先天八字出現五行不均或八字遇上沖刑時，我們就會不期然地遇到以下的問題：

1. 身體欠佳
2. 婚姻不穩
3. 生不出子女
4. 事業反覆
5. 嫁不出或難娶妻
6. 子女忤逆
7. 晚年孤獨

第3節・應付運滯的方法

當我們學習了命理之後，明白到自己八字中的優點和缺點，同時能洞悉天機，那麼我們便可改變處事的心態，把不好的事情淡化，趨吉避凶。

例如：

身體欠佳：針對性地加強身體鍛煉，預先買醫療保險以防萬一。

婚姻不穩：注意夫妻相處之道，學習換位思考，增加同理心和包容心。

生不出子女：婚後不要避孕，一年內沒有喜便要找醫生檢查，考慮做人工受孕。

事業反覆：客觀地檢視自己的長處和短處，選擇適合自己八字的職業，或者考慮讀一些在職培訓以提升自己的競爭力。

嫁不出或難娶妻：選擇配偶不要太挑剔，切忌與他人攀比，擇偶必須著重人品，並且要好好把握適婚時機，不要一拖再拖。

子女忤逆：不要有「養兒防老」的心態，預留一筆儲備給自己在晚年時使用。

晚年孤獨：改變生活習慣，擴闊自己的生活圈子，多參加群體活動，對他人主動伸出友誼之手。

註：在後面的篇章中，我會分門別類為大家解釋什麼八字組合會遇上上述提及的情況。

第三十一章　八字與大運的關係

第1節・認識大運

大家可以從本書第五章介紹的 apps 排出自己獨有的八字外，每個人同時還可以從 apps 中找出屬於自己的八柱大運。

大運的例子

8	18	28	38	48	58	68	78
戊	丁	丙	乙	甲	癸	壬	辛
辰	卯	寅	丑	子	亥	戌	酉

上面的例子顯示了每柱大運都是附帶有「時間性」的，時間過後，該柱大

運就會永遠消失。

例如上述例子顯示日主由 8 歲開始起運，每十年為一柱，即 8~17，18~27，28~37，38~47，48~57，58~67，68~77，78~87 等。

雖然在 apps 中顯示了每個人都有八柱大運，但並不代表日主行完第八柱就會去世，其實還可以有第九柱和第十柱大運的。

同理，某些人也不一定能行完八柱大運，個別英年早逝的人在大運的中段就會撒手人環。

每柱大運顯示的時間性是十年，但可以細分為天干行五年，地支行五年。例如上述的例子顯示 8~17 歲的大運名稱為戊辰，即是天干「戊」行五年運，歲數為 8~12 歲；地支「辰」也是行五年運，歲數為 13~17 歲，如此類推。

未上大運之前的歲數用流年的干支來計。

第2節・大運的好壞

「大運」這個詞語屬於一個中性詞，它本身不帶任何褒貶性質，視乎每個人對它的需要性。

每柱大運的天干和地支都有專屬的五行，當你的八字需要某種五行而大運又剛好走到該種五行時，那麼便顯示你正在「行好運」；反之，當你的八字大忌某種五行而大運偏偏走到該種五行時，那麼便顯示你正在「行霉運」了。

第3節・大運與八字的關係

八字是先天的，代表一生；大運是後天的，有時間性規管的，這就是人們常說的「命」與「運」了。

那麼，大運與八字究竟有什麼關係呢？

筆者嘗試用「打麻將」做一個例子，希望能讓大家盡快明白「命」與「運」的關係。

玩「廣東麻將」的遊戲規則是：

首先每個人在開局前都會獲得十三隻麻將牌，之後每人會輪流摸一隻麻將牌進來，同時要丟掉一隻自己認為「沒有用」的麻將牌。

有人打開十三隻麻將牌後發覺是一副天然好牌，之後每摸一隻麻將牌都是自己需要保留的好牌，然後丟掉一隻自己不要的牌，如此這般很快便「叫糊」了；相反，有些人打開十三隻麻將牌後卻發覺是一副天生的爛牌，之後每摸一隻回來也不是自己需要的爛牌，來來回回幾個回合總是不能「叫糊」。

打麻將開局前所獲得分配的十三隻麻將牌就好比我們出世時獲上天分配的八個字，而大運就好像我們輪流摸進來的新牌。

打麻將與八字不同之處是：

最先獲分配的十三隻麻將牌是允許可以把其中一隻丟棄，保留新摸進來的麻雀牌；而獲先天分配的八字是不可以更換的，那八個字會跟足我們一生，新進來的大運則每五年便要更換一次，不論你喜歡與否，五年後該大運會自動消失。

此外，打麻將摸新牌之前你是不知道自己將會摸到什麼牌，但八柱大運則一早排列在我們的眼前，我們自出娘胎後就知道八柱大運的分布：什麼時候有自己想要的五行，什麼時候有自己忌諱的五行出現。

所以，我們基於八字組合的需要以及八柱大運的排列，**發覺原來人生是可以一早規劃好的，我們可以在行好運時主動出擊，全力進攻；反之，行霉運時便要學會蹈光養晦，以守代攻。**

第4節・「命好，運不好」與「運好，命不好」

有些人的先天八字五行齊全，整個組合都很好，八字完全沒有任何沖刑，這便是俗稱的「好命」，但可惜大運未能配合，每五年走進來的干支並不是八字組合中需要的五行，這種命運組合便叫做「命好，運不好」了，這是典型的「懷才不遇」格。

相反，有些人的先天八字組合稱不上「好」，但大運的走勢非常配合，每五年或每十年走進來的大運干支對應整個八字組合都有極大的幫助裨益，這就是「運好，命不好」，也就是廣東俗語的「死好運」或者是「行運行到腳趾公」了。

當然還有兩個極端的命運組合便是「命好運又好」，或者是慘不忍睹的「命不好運不好」了。

第5節．審視大運的必要性

既然上天一早已經把我們的人生之路透過八柱大運羅列出來，聰明的你當然要提早審視一番，學習未雨綢繆了。

值得大家特別注意的地方是：就算八字原局沒有任何沖刑，但行大運時是有機會遇上的。

當我們遇上大運沖刑八字的五年或十年便要提高警惕，處處小心了！更甚的是如果我們的先天八字出現了互刑，那麼極有可能在大運中被迫「叫糊」成功，遇上我們不想遇到的「三刑齊現」。
例如先天八字原局的地支已經有「丑」和「戌」這兩個字，而大運某五年剛好又行「未」運，那麼在該五年便顯示日主遇上了「丑未戌」三刑，要開刀做手術的機會率極高，又或者在該五年極有可能會遇到「嚴重的感情創傷」，大家不得不提早預防。
「趨吉避凶」是人們經常掛在口中之詞語，筆者認為「避凶」比「趨吉」更重要。「君子不立於危牆之下」，各位讀者，你們同意嗎？

第三十二章 身體欠佳的八字特徵

當我們的八字五行有欠缺或某種五行過多時身體都會產生問題，因為**醫易同源**，金木水火土**五行就等於我們的五臟**。如果我們的八字五行有某種五行欠缺時，八字就會失衡，跟該五行相關的疾病就會產生。根據大數據統計所得，但凡某人的先天八字五行有欠缺時，該日主所患的疾病都傾向重病。

以下所列出的例子是關於五行有欠缺的，如果先天八字內顯示該種五行過多或特弱時也會產生同樣的問題，希望讀者們能夠舉一反三。例如：五行欠木、木特弱或五行木太多時（**物極必反**），身體都會出現相同的問題。如此類推。

備註：太多的定義：有三個或以上相同的五行（不計支藏）

特弱的定義：

i. 相同的五行只有一個，但被近距離沖刑或剋洩交加

ii. 相同的五行只出現在支藏人元的餘氣內

第1節．五行欠木的八字

例

年	月	日	時
庚	辛	辛	戊
子	巳	酉	戌

年	月	日	時
金	金	金	土
水	火	金	土

從上述的五行組合來看，大家不難發現：

1. 此八字的主人命格屬辛金（陰金）
2. 此八字的五行組合不平均，有4個金，2個土，1個火，1個水
3. 此八字的主人五行欠木

此造**欠了木**這個元素，會導致此八字的主人（以下簡稱「日主」）的手腳、肝膽和神經最容易出現問題。

另外，肝也代表快樂指數，欠木即肝弱，肝弱的人很容易不開心，遇上小小的不順心就會導致日主耿耿於懷，不開心的情緒會持續數天甚至數個星期，嚴重者甚至會患上抑鬱症，非常值得大家正視。

備註：下面由第2節開始，筆者不再為八字寫上四柱的干支，只寫出先天八字的五行，大家可以用apps排出自己的八字，利用八字所顯示的顏色就可以輕易地看到自己的八字內五行的分佈，如果五行「側埋」一邊或者某種五行有欠缺，這都不是一個好現象，值得大家多加注意，因為**準確度非常高！**

第2節・五行欠火的八字

年	月	日	時
土	金	水	水
木	土	木	土

此造五行**欠了「火」**這個元素，顯示日主的心臟、血液循環系統、頭和眼睛最容易出現問題。尤其是當大運和流年行到水運和金運時，日主出事的機會大增，因為水會剋火，金會令火勞損。

此外，五行**水多欠火**的人在上了年紀之後，幾乎百分之一百有白內障或耳水不平衡的問題，**當遇上水多的大運時**，視力會急速減退，嚴重者甚至只會剩下二至三成的視力。

第3節・五行欠土的八字

年	月	日	時
火	木	木	金
金	水	火	水

此造五行**欠了「土」**這個元素，顯示日主的脾、胃、胰臟、腹部和皮膚最容易出現問題。此外，先天八字五行欠土也有可能引發糖尿病。

筆者曾經見過一個只有歲半大的幼兒居然因為八字五行欠土患上了糖尿病，他每天都要由家人自行為他注射兩次，直至終老（除非日後有新藥發明）。該幼兒出入醫院的次數非常頻密，出入醫院幾乎成了家常便飯，真的令人感到心疼。

第4節・五行欠金的八字

年	月	日	時
木	水	火	木
水	水	土	火

此造五行**欠了「金」**這個元素，顯示日主的肺部、大腸、骨骼、經絡、乳房最容易出現問題。

另外值得注意之事：五行欠金或金特弱或金過多時也很容易令日主患有睡眠窒息症，日主在睡覺時需要使用呼吸機幫助呼吸。

第5節・五行欠水的八字

年	月	日	時
土	火	土	火
金	木	木	木

此造五行**欠了「水」**這個元素，顯示日主的腎、膀胱、尿道、生殖系統、精液、子宮、耳朵、血液循環系統最容易出現問題。

此外，欠水會令流動系統不暢通，會引致心血管阻塞，需要做「通波仔」手術，這是個屢見不鮮的事實，命中率非常高。

第6節・五行火土多的八字

年	月	日	時
金	火	土	火
水	火	木	土

此造顯示日主的命格屬土，生於火月，八字內五行**火土過多**。土為腫瘤，火為毒，**火多土多代表有毒的腫瘤**，即 Cancer，這種因火土多而造成有腫瘤的八字案例多不勝數，可以說是百發百中，不可不防。

第7節・四柱干支交戰

年	月	日	時
火	土	水	金
金	木	火	木

此造四柱干支交戰：年柱火剋金，月柱木剋土，日柱水剋火，時柱金剋木。

當一個先天八字的四柱天干和地支都在上下交戰時，顯示日主的五臟六腑都好像在不停打仗，體內的器官互相耗損，身體出事在所難免，其表現為日主有一種長期病患，需要長期服藥去消滅該種病症。

第8節・四柱內有三刑（丑未戌）

例1

年	月	日	時
	戌	未	丑

此造地支有丑未戌三刑，顯示日主的五臟六腑在打架，互相傷害，其表現為日主要開刀做手術，大多數要割去某種器官，而且不止做一次手術，有可能要做數次。

筆者有個學生，她的先天八字有「丑未戌」三刑，年紀不足四十歲的她已經做了四次手術。

例2

四柱內有三刑（丑戌未）

年	**月**	**日**	**時**
未	戌	丑	

此造的解釋跟例1的解釋是完全相同的，影響省略不贅。

筆者想讀者留意的是它們的**分別之處**，例2發生的時間比例1來得早，原因是例1「戌未丑」是出現在「月日時」柱，而例2「未戌丑」是出現在「年月日」柱。

時間發生的先後次序是按順序排列的，即先「年」、後「月」、接著是「日」，最後到「時」，所以例2比例1來得早。

備註：

1. 丑未戌三刑除了應驗手術外，亦有可能應驗嚴重的感情創傷，日主在心靈上受到的創傷頗重，需要極長的時間才能療傷成功，令其癒合。
2. 出現在「年月日」柱的三刑也有可能應驗在日主年幼時因父母離婚或長輩早逝帶來的感情創傷。
3. 丑未戌三個字**不一定要相鄰**，它們可以出現在四個地支的任何位置。如果不涉及日支（日支代表日主的下半身），三刑的影響程度相對上較輕一點。

第9節・四柱內有三刑（寅申巳）

例1

年	月	日	時
	巳	申	寅

此造由「巳申寅」組成的三刑，主要影響日主容易遇上意外，例如發生交通意外或者被大型利器所傷，也有可能是被高空墜物所傷或者跌倒受傷。

「寅申巳」所發生的意外來得猛而急，主要原因是此三字均為驛馬星，驛馬是急促奔跑、馬不停蹄的，其中「寅申」既沖且刑又剋，它是地支六沖之中最嚴重的沖刑。

如果大家在八字中見到這個組合，必須小心處理，應該提早做好相關的預防措施。

例2

四柱內有三刑（寅巳申）

年	月	日	時
寅	巳		申

此造的解釋跟例1的解釋是完全相同的，所受的影響省略不贅。

它們的分別之處是例2發生的時間比例1來得早，因為例1「寅申巳」三刑是出現在「月日時」柱，而例2「寅申巳」三刑是出現在「年月時」柱。時間發生的先後次序是按照順序進行的，即先「年」、後「月」、接著是「日」，最後才到「時」。

此外，由於「寅巳申」三刑沒有涉及日支（日支是日主的下半身）的關係，此影響相對上較輕。

第10節・日柱近距離被天沖地沖

例1

庚甲沖

子午沖

年	月	日	時
	庚	甲	
	子	午	

此造的日主命格屬甲木，日柱甲午被月柱庚子近距離天沖地沖（庚甲沖，子午沖），而月柱和日柱是整個八字的核心位置，日柱代表日主的身體，當干支上下均受到如此猛烈的沖擊時，身體健康受到的影響會非常嚴重。

備註：庚甲沖和子午沖只是一個例子，天干「甲庚沖」可以更換成乙辛沖、丙壬沖或丁癸沖的；同理，地支「子午沖」也可以換成丑未沖、寅申沖、卯酉沖、辰戌沖或巳亥沖的，月柱和日柱所顯示的干支也可以互調，例如甲庚沖和子午沖可以換成「庚甲沖」和「午子沖」的，希望各位讀者能舉一反三。

例2

甲庚沖

午子沖

年	月	日	時
		甲	庚
		午	子

此造的解釋跟例1的解釋是完全相同的，所以省略不贅。

它們的分別之處是例2發生的時間比例1來得遲。因為例1「庚甲沖和子午沖」是出現在月柱和日柱，而例2「甲庚沖和午子沖」是出現在日柱和時柱。時間發生的先後次序是按照順序進行的，即先「年柱」，後「月柱」，接著是「日柱」，最後才到「時柱」，所以例2比例1遲。

第11節・近距離自刑的影響

例1：辰辰自刑

年	月	日	時
	辰	辰	

例2：辰辰自刑

年	月	日	時
		辰	辰

例3：午午自刑

年	月	日	時
	午	午	

例4：午午自刑

年	月	日	時
		午	午

例5：亥亥自刑

年	月	日	時
	亥	亥	

例6：亥亥自刑

年	月	日	時
		亥	亥

例7：**酉酉自刑**

年	月	日	時
	酉	酉	

例8：**酉酉自刑**

年	月	日	時
		酉	酉

上述八個自刑例子均顯示日主容易患有情緒病，喜歡胡思亂想，把小問題無限放大，造成自我困擾，負能量高，睡眠質量不佳。嚴重者容易有憂鬱症或精神病，要看精神科醫生吃藥減低負面情緒。

重要的補充：

1. 上述關於健康出問題的八字例子只是粗疏地作出一個歸納，並不代表全部。因為有些理論是比較複雜的組合，需要有一定的基礎才能夠理解。

2. 如果先天八字沒有遇上沖刑，並不代表日主不會遇上，因為有某些人是「大運撞進八字內」令健康受損的。

3. 承接本書的前一章（三十一章）所述，八字和大運的關係可以像打麻將般「叫糊」的，例如某君的日支是「辰」，現在大運也正在行「辰」運，那麼便是「叫糊成功了」，日主在行「辰」運的五年之內，同樣受到「辰辰自刑」帶來的影響。

4. 八字和大運的關係微妙，讀者們不可不知。**建議大家把八柱大運抄下來跟先天八字逐一作比對**，這樣便能夠清楚了解自己的大運走向了。

第三十三章 婚姻不穩的八字特徵

婚姻是人生大事，「執子之手，與子偕老」，相信不論男女對婚姻都有這個憧憬。

但事實上卻未必能盡如人意。有些人的婚姻在先天八字上已經出現了「婚姻不穩」的警示，如果能及早提高警覺性，彼此付出努力維繫婚姻，相信會淡化影響，仍然能夠「與子偕老」。

以下是「婚姻不穩」的例子，如不警惕自己，婚姻極容易走向破裂的邊緣。

第1節・配偶宮近距離受到沖／刑

例1：**午子沖**

年	月	日	時
	午	子	

配偶宮「子」近距離被月支「午」相沖，顯示婚姻不穩，如果在40歲前結婚，會有離婚的可能性。

例2：**子午沖**

年	月	日	時
		子	午

配偶宮「子」近距離被時支「午」相沖，顯示婚姻不穩，以及在40歲後

夫妻會因為管教子女的意見出現分歧而導致會有離婚的可能性。

例3：**未丑沖**

年	**月**	**日**	**時**
	未	丑	

配偶宮「丑」近距離被月支「未」相沖又相刑，顯示婚姻不穩及婚姻生活不開心，如果在**40**歲前結婚，會有離婚的可能性。

例4：**丑未沖**

年	**月**	**日**	**時**
		丑	未

配偶宮「丑」近距離被時支「未」相沖又相刑，顯示婚姻不穩及婚姻生活

不開心，極有可能在 **40** 歲後因為管教子女的意見出現分歧，導致會有離婚的傾向。

例5：**戌辰沖**

年	月	日	時
	戌	辰	

配偶宮「辰」近距離被月支「戌」相沖，顯示婚姻不穩。如果日主在40歲前結婚，會有離婚的可能性。

例6：**辰戌沖**

年	月	日	時
		辰	戌

配偶宮「辰」近距離被時支「戌」相沖，顯示婚姻不穩及婚姻生活不開心，極有可能在 40 歲後因為管教子女的方式出現意見分歧，導致會有離婚的傾向。

例 7：**申寅沖**

年	**月**	**日**	**時**
	申	寅	

配偶宮「寅」近距離被月支「申」相沖又相刑和相剋，顯示婚姻動盪以及婚姻生活不開心，如果在 40 歲前結婚，極有可能會離婚。

例8：**寅申沖**

年	月	日	時
		寅	申

配偶宮「寅」近距離被時支「申」相沖又相刑和相剋，顯示婚姻動盪及婚姻生活不開心，極有可能在40歲後因為管教子女的方式出現意見分歧導致有離婚的傾向。

例9：**亥巳沖**

年	月	日	時
	亥	巳	

配偶宮「巳」近距離被月支「亥」相沖，顯示婚姻動盪，如果日主在40

歲前結婚，極有可能會離婚。

例10：**巳亥沖**

年	月	日	時
		巳	亥

配偶宮「巳」近距離被時支「亥」相沖，顯示婚姻動盪及婚姻生活不開心，極有可能在40歲後因為管教子女的方式出現意見分歧導致有離婚的傾向。

例11：**卯子刑**

年	月	日	時
	卯	子	

配偶宮「子」近距離被**月支**「卯」相刑，顯示婚姻生活不開心，主要是配偶跟長輩（**尤其是對方的母親**）未能和睦相處，日主好像「夾心餅」般左右做人難，導致跟配偶越吵越烈，最後令婚姻走向破裂的邊緣。

例12：**戌丑刑**

年	**月**	**日**	**時**
	戌	丑	

配偶宮「丑」近距離被**月支**「戌」相刑，顯示婚姻生活不開心，日主被困的感覺強裂，如不正視之，會有離婚的傾向。

例13：**戌未刑**

年	月	日	時
	戌	未	

配偶宮「未」近距離被月支「戌」相刑，顯示婚姻生活不開心，日主被困的感覺強裂，如不正視之，會有離婚的傾向。

備註：子午、丑未、辰戌、寅申、巳亥、子卯、丑戌和未戌**這兩個字是可以互調的**，即是可以變成：午子、未丑、戌辰、申寅、亥巳、卯子、戌丑和戌未，**影響相同**。

建議做以下的方法化解：

1. 月支沖配偶宮可以用**遲婚或同居**淡化事件。
2. 時支沖配偶宮可以**考慮不生子女**，或在生子女之前，夫妻雙方協商日後管教子女的分工方式，白紙黑字寫下細節，越詳細越有效。寫

3. 好之後，雙方要「按下手印」以證實彼此會徹實執行。

如果是「子卯」或「卯子」相刑，建議不要跟長輩同住，住得越遠越好，但日主夫妻要加強孝心，平日要多些跟長輩聯絡，並且要「口甜舌滑」討老人家的歡心。

4. 如是「丑戌」「戌丑」「未戌」「戌未」相刑，夫妻彼此要**多些心靈溝通**，每年都要抽時間「渡蜜月」。

5. 凡是出現例 1 至例 13 的情況，夫妻要多點同理心，學會換位思考，戒掉理所當然的心態，多點說「唔該」、「謝謝」、「辛苦了」「你真好」等語句。

第 2 節・八字天干官殺混雜

在八字學上，坤命正官代表丈夫，七殺代表情人。如果一個女生的先天八字內既有正官，又有七殺**在天干雙雙透出**，那麼預示着日主的婚姻不穩，**有兩次婚姻的機會率頗高**。

例1

年	月	日	時
七殺	正官		

例2

年	月	日	時
	七殺		正官

例3

年	月	日	時
正官			七殺

第三十四章 有婚外情的八字特徵

婚姻是一條頗長的道路，隨着歲月的推移，愛情會逐漸轉變為親情，如果夫妻雙方不注重溝通，偶一不慎，伴侶的其中一方有可能會出現婚外情。那麼在八字學的理論中，婚外情可否從八字中看出端倪呢？答案是肯定的。根據大數據統計所得，在先天八字中，地支配偶宮（日支）被半合時，日主本人或配偶均容易出現婚外情。

首先我們要明白何為半合。

申子辰為三合水局：它的半合分別是：申子、子辰、申辰

寅午戌為三合火局：它的半合分別是：寅午、午戌、寅戌

亥卯未為三合木局：它的半合分別是：亥卯、卯未、亥未

巳酉丑為三合金局：它的半合分別是：巳酉、酉丑、巳丑

例1：**子申半合**

年	**月**	**日**	**時**
	子	申	

例2：**子辰半合**

年	**月**	**日**	**時**
		子	辰

例3：辰申半合

年	月	日	時
		辰	申

例4：午寅半合

年	月	日	時
	午	寅	

例5：午戌半合

年	月	日	時
		午	戌

例6：**戌寅半合**

年	月	日	時
	戌	寅	

例7：**卯亥半合**

年	月	日	時
	卯	亥	

例8：**未卯半合**

年	月	日	時
		未	卯

例9：亥未半合

年		
月		
日		亥
時		未

例10：酉巳半合

年		
月		
日		酉
時		巳

例11：酉丑半合

年		
月		酉
日		丑
時		

例12：**巳丑半合**

年	月	日	時
		巳	丑

備註：

1. 跟日支（配偶宮）半合那兩個字可以是位置互調的，例如：「申子」也可「子申」，效果相同。
2. 跟日支（配偶宮）近距離相合的既可以是月支跟日支，也可以是日支跟時支。

化解方法：

1. 設法讓婚姻生活保持新鮮感
2. 生兒育女之後，每年都要抽時間讓兩人有足夠時間獨處

3. 夫妻雙方要學習換位思考

4. 彼此多點體諒，少點埋怨

第三十五章 難以生育子女的八字特徵

結婚之後，生兒育女又是另一件人生大事，除了傳宗接代的觀念外，子女也是夫妻的愛情結晶品，甚至可以說是夫妻生命的延續。

生兒育女這件看似順理成章的事，偏偏對於某些人來說卻是一件費盡九牛二虎之力也難以達成的事。

這些難以生育子女的八字，通常都有以下的特徵：

日干和時干相沖，或者日支和時支相沖，最嚴重的是日柱和時柱相沖，即是天沖地沖。

例1：**庚甲沖**

年	月	日	時
		庚	甲

例2：**甲庚沖**

年	月	日	時
		甲	庚

例3：**辛乙沖**

年	月	日	時
		辛	乙

例4：乙辛沖

年	月	日	時
		乙	辛

例5：壬丙沖

年	月	日	時
		壬	丙

例6：丙壬沖

年	月	日	時
		丙	壬

例7：癸丁沖

年	月	日	時
		癸	丁

例8：丁癸沖

年	月	日	時
		丁	癸

例9：午子沖

年	月	日	時
		午	子

例10：子午沖

年	月	日	時
		子	午

例11：未丑沖

年	月	日	時
		未	丑

例12：丑未沖

年	月	日	時
		丑	未

例13：**戌辰沖**

年	月	日	時
		戌	辰

例14：**辰戌沖**

年	月	日	時
		辰	戌

例15：**申寅沖**

年	月	日	時
		申	寅

例16：寅申沖

年	月	日	時
		寅	申

例17：亥巳沖

年	月	日	時
		亥	巳

例18：巳亥沖

年	月	日	時
		巳	亥

說明：

由於時柱屬子女宮，當八字中的子女宮受到嚴重的相沖或相刑時，先天已經有顯示日主生育子女比一般人來得困難，又或者就算懷了孕也很容易小產。

除了上述18個例子外，以下也是坤命人和乾命人難以生育子女的特徵：

坤命人（女性）

甲日元．乙日元：五行欠火，連支藏人元也沒有。

丙日元．丁日元：五行欠土，連支藏人元也沒有。

戊日元．己日元：五行欠金，連支藏人元也沒有。

庚日元．辛日元：五行欠水，連支藏人元也沒有。

壬日元．癸日元：五行欠木，連支藏人元也沒有。

乾命人（男性）

甲日元・乙日元：五行欠金，連支藏人元也沒有。

丙日元・丁日元：五行欠水，連支藏人元也沒有。

戊日元・己日元：五行欠木，連支藏人元也沒有。

庚日元・辛日元：五行欠火，連支藏人元也沒有。

壬日元・癸日元：五行欠土，連支藏人元也沒有。

化解方法：

1. 婚後不要避孕，善用年輕的優勢趁早孕育下一代。
2. 如果婚後不避孕，超過一年仍然未有喜訊傳出，應該立即看醫生查找原因。
3. 如果得到醫生的確定，證實夫妻其中一方導致難以成孕，那麼便要立即考慮做人工受孕，包括試管嬰兒，切不可拖拉，除非不再打算生育子女。

第三十六章　女性難出嫁的八字特徵

由拍拖到結婚，對女性來說是一件最平常不過的事情，但奇怪的是有些樣貌娟好的女生，她們有學識之餘，同時也擁有一份不錯的職業，可惜她們總是跟拍拖和結婚無緣，就算有拖拍，到談婚論嫁那一刻卻戛然而止，婚姻的殿堂好像跟她們絕緣，實在令人費解。

總結下來，這些女生的八字通常都會出現婚姻有阻的信息。

其特色如下：

第1節．先天八字多食神和傷官

例1

年	月	日	時
	傷官		
	食神	傷官	

解釋：

女生的八字越多食神和傷官就越難嫁得出，原因是「傷官見官」和「食神制殺」，導致代表夫星的「正官」和代表情人星的「七殺」因為「食神」和「傷官」的阻撓而難以入命。

化解方法：

1. 要學習戒掉刁蠻任性的性格
2. 不要過度追求浪漫的感覺

3. 不要以「臉」取人，學習從其他角度欣賞異性之美
4. 切忌攀比，選夫應該注重人品和德行

第2節・日柱是庚申、庚辰和庚戌

例1

年	月	日	時
		庚	
		申	

例2

年	月	日	時
		庚	
		辰	

例3

年	月	日	時
		庚	
		戌	

解釋：

庚代表一把利刀，煞氣非常大，古代行刑斬首的日子通常都會選擇秋天金旺和煞氣極重的「庚申」日以確保一刀砍下去時，犯人能身首異處。

當一個女生的日柱是庚申、庚辰或庚戌時，其身上不自覺地散發出「女漢子」的特性，爽直和剛強有餘而溫柔不足，窒礙了異性的追求意欲。

化解方法：

1. 留意自己的一言一行，盡量保持女性的柔美。
2. **找一個曾經有婚史的異性結婚**，能減低煞氣。

第3節・八字和大運也沒有正官和七殺出現

「七殺」代表情人星，「正官」代表夫星，如果一個坤命女性的先天八字欠缺了正官星和七殺星，那麼意味着日主的夫緣較弱，找到另一半的機會率比一般人低。

如果日主在適婚年齡時所行的大運有「七殺或正官」，那麼靠大運撞進八字內的正官和七殺仍然是一股動力，這股動力仍然會促成婚事。

倘若一個坤命女生在適婚年齡期間的大運也沒有正官或七殺撞進八字內，那麼婚姻大事就會變得遙遙無期了。

備註：適婚年齡通常是指25~45歲

化解方法：

1. 化解方法較為複雜，最簡單直接的方法就是戴一些屬於正官和七殺五行的物件。

例如：

甲日元和乙日元戴一些五行屬金的飾物

丙日元和丁日元戴一些五行屬水的飾物

戊日元和己日元戴一些五行屬木的飾物

庚日元和辛日元戴一些五行屬火的飾物

壬日元和癸日元戴一些五行屬土的飾物

2. 擺風水局催旺桃花

3. 穿一些較為鮮艷的暖色系列的衣服

4. 盡量少穿冷色系列的衣服，尤其是黑色，因為黑色被稱為「寡婦色」。

5. 如果上班的製服必須穿黑色，筆者建議盡量添加一些悅目的小飾物，例如艷麗的胸針或色彩鮮豔的小絲巾，甚至一枚精緻的戒指。

第三十七章 男性難娶妻的八字特徵

跟前一章所述的相同，筆者目睹有一些條件不錯的男生也是因為種種原因較難步入婚姻的殿堂。

他們的八字不約而同地犯了以下的問題：

第1節・先天八字內很多比肩星或劫財星

例1

年	月	日	時
比肩	劫財		
		比肩	

例2

年	月	日	時
	劫財		比肩
		劫財	

解釋：

比肩（自己）和劫財跟正財（妻星）和偏財（情人星）是相剋的關係，如果比肩和劫財過多而正財和偏財過少，顯示妻星受剋的情況嚴重，導致婚姻難成。

備註：比肩星和劫財星多的定義是**兩者合共有三個或以上**（餘氣不計）。

化解方法：

1. 為自己補充屬於財星的五行。

例如：

如果財星屬甲乙木，補木

如果財星屬丙丁火，補火
如果財星屬戊己土，補土
如果財星屬庚辛金，補金
如果財星屬壬癸水，補水

第2節．八字內財星很多，但跟日元相同的五行卻只有自己

例1

年	月	日	時
偏財	正財		
			偏財

解釋：

跟日元相同的五行只有自己，代表自己勢孤力弱，而正財（妻星）和偏財（情人星）眾多，顯示彼此的實力懸殊，日主未有能力駕馭妻財星，會導

致妻星難入命。妻星難以入命即婚姻難成。

化解方法：

1. 補充跟日元相同的五行。

例如：

如果日元屬甲乙木，補木

如果日元屬丙丁火，補火

如果日元屬戊己土，補土

如果日元屬庚辛金，補金

如果日元屬壬癸水，補水

第3節・先天八字五行欠財，大運未能配合

如果乾命的先天八字五行欠財即是代表欠妻，顯示日主的結婚緣比一般人弱。

如果大運在適婚年齡段（25~50歲）出現正財或偏財撞入先天八字的話，仍然顯示日主會有婚姻。

假若大運在適婚年齡段**25~50**歲沒有正財或偏財出現撞入先天八字，那麼顯示日主是難娶妻的。

不同的日元五行欠財（欠妻）**如下所示：**

甲日元和乙日元：五行欠土
丙日元和丁日元：五行欠金
戊日元和己日元：五行欠水
庚日元和辛日元：五行欠木
壬日元和癸日元：五行欠火

化解方法：

1. 建議五行欠財星的男生佩戴飾物補充該種五行

2. 盡量擴闊自己的社交圈子
3. 主動向異性打開話匣子
4. 注意儀表，外表要保持乾淨整潔
5. 要經常面帶笑容，平易近人

備註：
補充土的五行：玉器和水晶，啡色
補充金的五行：金、銀、鋼，白色、金色、銀色
補充水的五行：珍珠，通透的藍色琉璃，黑色、藍色、灰色
補充木的五行：木珠，綠色、木紋色
補充火的五行：打火機（放進口袋中），紅太陽，紅色、紫色、橙色、粉紅色、蝦肉色

第4節・妻宮近距離受到沖刑

午子沖

年	月	日	時
	午	子	

酉卯沖

年	月	日	時
	酉	卯	

申寅沖

年	月	日	時
	申	寅	

戌辰沖

年		
月		戌
日		辰
時		

亥巳沖

年		
月		亥
日		巳
時		

丑未沖

年		
月		丑
日		未
時		

化解方法：

用合去解沖

【子丑合】，【卯戌合】，【寅亥合】

【辰酉合】，【午未合】，【巳申合】

可選購一個適合自己的生肖合住其中一個沖妻宮的字。

例如：子午沖，可以戴「丑」合住「子」，或戴「未」合住「午」

備註：

1. 用合去解沖的方法比較複雜，未必適合每一個人，因為解決了沖日支（妻宮）的同時有可能引發沖年支、沖月支或沖時支，建議佩戴之前最好請教精通八字之人或起碼對八字有基本認識之人。

2. 除了上述的原因外，還有其他原因導致男生難娶妻，但那些理論較為複雜，沒有八字基礎是看不明白的，筆者就不在此解釋了。

第三十八章 事業反覆的八字特徵

相信每個人都渴望踏入社會後能名成利就，就算未能如願，也希望至少能在事業上有所表現。但有些人的先天八字就好像寫下了「懷才不遇」四個大字，導致不但未能在事業上大展拳腳，甚至是在事業上鬱鬱不得志。

這些在事業上不能一帆風順的八字通常都有以下特徵：

1. 大運在人生的黃金年齡段（25~60 歲）不停出現相沖或相刑。
2. 大運在人生的黃金年齡段（25~60 歲）出現伏吟。
3. 大運在人生的黃金年齡段（25~60 歲）出現反吟（又稱天剋地沖）

例：**先天八字如下：**

年	**月**	**日**	**時**
辛	甲	辛	戊
丑	午	卯	戌

大運

9	19	29	39	49	59	69	79
乙	**丙**	**丁**	**戊**	己	**庚**	**辛**	**壬**
未	**申**	**酉**	戌	亥	子	丑	寅

此造的大運：（上述八字是一個真實的案例。）

i. 9~18 歲行乙未大運跟年柱**辛丑**天沖地沖

ii. 29~38 歲行丁酉大運跟日柱**辛卯**天剋地沖

iii. 39~48 歲行戊戌大運跟時柱**戊戌**伏吟

iv. 59~68 歲行庚子大運跟月柱**甲午**天沖地沖

v.　69~78 歲行辛丑大運跟年柱**辛丑**伏吟

上述八字是一個真實的案例：

大家不難發現，大運除了 19~28 歲和 49~58 歲這兩柱沒有跟八字相沖外，其餘各柱都跟八字有沖剋和伏吟，這樣的大運除了影響日主的事業反覆外，其身體狀況也會極度不佳。

4.　八字內正官和七殺混雜透出天干

正官和七殺均代表事業。

正官代表官職和名氣，代表規行矩步和自我的約束力，也代表文職和白領階層，比較適合在具規模的大機構工作。

七殺代表拼搏，代表革新，代表挫折，代表不受約束，代表不按常理出牌——**古代開疆闢土、馳騁沙場的大將軍通常是七殺強旺的命**。

現代人如果八字七殺強旺，通常都是從事一些冷門的行業，或者是藍領階層、或者是從事武職，甚至是一個從商者。

由於**七殺和正官是兩種性格極端的產物**，所以八字內最好只出現其中一種，即是八字中有正官就不要再有七殺；同理，如果八字中有七殺就最好不要再出現正官，否則便顯示日主的事業出現變動，導致懷才不遇，在中晚年要被迫轉行。

例1

年	**月**	**日**	**時**
正官	七殺		

例2

年	**月**	**日**	**時**
	七殺		正官

例3

年		
月	正官	
日		
時	七殺	

例4

年	七殺	
月	正官	
日		
時		

例5

年	七殺	
月		
日		
時	正官	

備註：導致事業不能一帆風順的原因不止上述幾種，但那些原因比較複雜，需要有一定的八字理論基礎才能看得明白，筆者就不在此敘述了。

事業反覆的化解方法：

1. 檢視自己的優點和缺點，自行評估懷才不遇的原因，然後對症下藥。
2. 利用工餘時間努力進修提升自己。
3. 在自己的專長以外，再學習多一門技術傍身，例如：維修工程、水電技工、駕駛、理髮、廚師之類。
4. 坤命女性可以考慮學習美容、護膚、修甲、化妝、插花之類，同時可以考慮在工餘時間以自僱形式創業。

第三十九章 晚年不能依靠子女的八字特徵

在現實生活中，不少案例是父母年老後，子女不盡孝道，把父母置諸不理，或者安排住進老人院後絕少前往探望，又或者是子女成家立室後仍然需要父母接濟，更甚者是有些子女身染惡習，例如染上賭癮，欠下巨債，要年紀老邁的父母代還賭債，年老的父母活在擔驚受怕的日子中。

以下列舉的是一部分晚年不能依靠子女的八字特徵：

第1節．日柱和時柱相沖，即是天沖地沖。

例1

甲庚沖

子午沖

年	月	日	時
		甲	庚
		子	午

例2

甲庚沖

寅申沖

年	月	日	時
		甲	庚
		寅	申

例3

甲庚沖

辰戌沖

	年	月	日	時
天干			甲	庚
地支			辰	戌

例4

甲庚沖

午子沖

	年	月	日	時
天干			甲	庚
地支			午	子

例5
甲庚沖
申寅沖

時	日	月	年
庚	甲		
寅	申		

例6
甲庚沖
戌辰沖

時	日	月	年
庚	甲		
辰	戌		

例7
乙辛沖
丑未沖

年	月	日	時
		乙	辛
		丑	未

例8
乙辛沖
卯酉沖

年	月	日	時
		乙	辛
		卯	酉

例9
乙辛沖
巳亥沖

年	月	日	時
		乙	辛
		巳	亥

例10
乙辛沖
未丑沖

年	月	日	時
		乙	辛
		未	丑

例11

乙辛沖

酉卯沖

	年	月	日	時
天干			乙	辛
地支			酉	卯

例12

乙辛沖

亥巳沖

	年	月	日	時
天干			乙	辛
地支			亥	巳

例13

丙壬沖

子午沖

年		
月		
日	丙	子
時	壬	午

例14

丙壬沖

寅申沖

年		
月		
日	丙	寅
時	壬	申

例15

丙壬沖

辰戌沖

年	月	日	時
		丙	壬
		辰	戌

例16

丙壬沖

午子沖

年	月	日	時
		丙	壬
		午	子

例17
丙壬沖
申寅沖

年	月	日	時
		丙	壬
		申	寅

例18
丙壬沖
戌辰沖

年	月	日	時
		丙	壬
		戌	辰

例19

丁癸沖

丑未沖

時	日	月	年
癸	丁		
未	丑		

例20

丁癸沖

卯酉沖

時	日	月	年
癸	丁		
酉	卯		

例21

丁癸沖

巳亥沖

年	月	日	時
		丁	癸
		巳	亥

例22

丁癸沖

未丑沖

年	月	日	時
		丁	癸
		未	丑

例23

丁癸沖

酉卯沖

年	月	日	時
		丁	癸
		酉	卯

例24

丁癸沖

亥巳沖

年	月	日	時
		丁	癸
		亥	巳

備註：日柱和時柱天沖地沖造成子女忤逆或晚年不能依靠子女的例子合共有48個。例1至例24已經羅列出來了。例25至例48沒有標示出來，因為只要大家把日柱和時柱互調便可以了。舉例：例1中的日柱是甲子，時柱是庚午，那麼例25的日柱是庚午，時柱是甲子罷了，如此類推。

第2節・時柱為「傷官見官」

時柱傷官見官顯示了子女容易因任性犯上官非，導致父母在年老時不能依靠子女，相反還有可能被子女拖累。

甲日元：時柱出現丁酉或辛巳
乙日元：時柱出現丙申或庚午
丙日元：時柱出現己亥、癸丑或癸未
丁日元：時柱出現戊子、壬辰或壬戌

戊日元：時柱出現辛卯或乙酉
己日元：時柱出現庚寅或甲申
庚日元：時柱出現癸巳或丁亥
辛日元：時柱出現壬午或丙子
壬日元：時柱出現乙丑或乙未
癸日元：時柱出現甲辰或甲戌

化解方法：
建議不要把所有錢用盡在子女身上，要預留足夠養老的「近身錢」。

第四十章 晚年孤獨的八字特徵

晚年孤獨一般是指日主沒有結婚，或配偶比自己先離世，或者因為各種原因無兒女照顧，加上六親關係疏離，導致要孤獨生活的老人。

以下列舉的是一部分晚年孤獨的八字特徵：

它跟前一章「晚年不能依靠子女」的特徵相同，**同樣是時柱跟日柱犯了嚴重的天沖地沖**。

第1節・天沖地沖

例1

甲庚沖

子午沖

年	月	日	時
		甲	庚
		子	午

例2

甲庚沖

寅申沖

年	月	日	時
		甲	庚
		寅	申

例3
甲庚沖
辰戌沖

時	日	月	年
庚	甲		
戌	辰		

例4
甲庚沖
午子沖

時	日	月	年
庚	甲		
子	午		

例5

甲庚沖

申寅沖

年	月	日	時
		甲	庚
		申	寅

例6

甲庚沖

戌辰沖

年	月	日	時
		甲	庚
		戌	辰

例7

乙辛沖

丑未沖

	年	月	日	時
			乙	辛
			丑	未

例8

乙辛沖

卯酉沖

	年	月	日	時
			乙	辛
			卯	酉

例9
乙辛沖
巳亥沖

	年	月	日	時
天干			乙	辛
地支			巳	亥

例10
乙辛沖
未丑沖

	年	月	日	時
天干			乙	辛
地支			未	丑

例11

乙辛沖

酉卯沖

年	月	日	時
		乙	辛
		酉	卯

例12

乙辛沖

亥巳沖

年	月	日	時
		乙	辛
		亥	巳

例13
丙壬沖
子午沖

	年	月	日	時
天干			丙	壬
地支			子	午

例14
丙壬沖
寅申沖

	年	月	日	時
天干			丙	壬
地支			寅	申

例15

丙壬沖

辰戌沖

年	月	日	時
		丙	壬
		辰	戌

例16

丙壬沖

午子沖

年	月	日	時
		丙	壬
		午	子

例17

丙壬沖

申寅沖

時	日	月	年
壬	丙		
寅	申		

例18

丙壬沖

戌辰沖

時	日	月	年
壬	丙		
辰	戌		

例19
丁癸沖
丑未沖

	時	日	月	年
天干	癸	丁		
地支	未	丑		

例20
丁癸沖
卯酉沖

	時	日	月	年
天干	癸	丁		
地支	酉	卯		

例21

丁癸沖

巳亥沖

時	日	月	年
癸	丁		
亥	巳		

例22

丁癸沖

未丑沖

時	日	月	年
癸	丁		
丑	未		

例23

丁癸沖

酉卯沖

	天干	地支
年		
月		
日	丁	酉
時	癸	卯

例24

丁癸沖

亥巳沖

	天干	地支
年		
月		
日	丁	亥
時	癸	巳

備註：日柱和時柱天沖地沖造成日主晚年孤獨的例子合共有48個。例1至例24已經羅列出來了，例25至例48沒有標示出來，因為只要大家把日柱和時柱互調便可以了。

舉例：例1中的日柱是甲子，時柱是庚午，那麼例25的日柱是庚午，時柱是甲子罷了，如此類推。

第2節．乾命時柱有神煞「孤辰」星

肖鼠．肖牛．肖豬：時支有寅

肖虎．肖兔．肖龍：時支有巳

肖蛇．肖馬．肖羊：時支有申

肖猴．肖雞．肖狗：時支有亥

第3節．坤命時柱有「寡宿」星

肖鼠．肖牛．肖豬：時支有戌

肖虎．肖兔．肖龍：時支有丑

肖蛇．肖馬．肖羊：時支有辰

肖猴．肖雞．肖狗：時支有未

解釋：

古籍有云「男忌孤辰，女怕寡宿」。孤辰星和寡宿星均代表孤獨，而時柱代表晚年。如果先天八字在時柱中出現孤辰星和寡宿星均代表晚年無老伴，六親無緣。

化解方法：

1. 培養自己有多方面的興趣
2. 擴闊自己的生活圈子
3. 早上到公園晨運，主動伸出友誼之手
4. 多參加社區中心舉辦的各項活動

5. 不要介意自己先為他人付出，切忌斤斤計較

後記

歲月悠悠，人生之路高低起伏在所難免，吉凶禍福實在難料，如能及早了解自己的先天八字，一窺天機，讓自己提高警覺以便趨吉避凶，這確實是一種難得的福份。

當我們了解自己的大運走勢後，就可以針對性地改變自己，在自己當運時主動出擊，務求一擊即中；在自己失運時努力防守，揚長避短，這就是知命和運命了。

筆者認為：「改運必先改心！」

先從改變自己待人處事的方式開始，繼而換一種思考模式做事，並且嘗試接受他人的缺點。

我們必須要明白：跟別人過不去即是跟自己過不去；放過別人即是放過自己。

心寬路更寬……

祝各位讀者能知命運命，擁有一個豐盛的人生！

共勉之。

林烽老師用心編著，提供一本「三易」── 易讀、易查、易懂的玄學寶典

WP172

八字與我

作　　者／ **林烽**

出　　版／ **才藝館**（匯賢出版）
地址：新界葵涌大連排道144號金豐工業大廈2期14樓L室
Tel : 852-2428 0910　　Fax : 852-2429 1682
web : https://wisdompub.com.hk　　email : info@wisdompub.com.hk
facebook search : wisdompub　　google search : wisdompub

出版查詢／ Tel : 852-9430 6306《Roy HO》

書店發行／ **一代匯集**
地址: 九龍旺角塘尾道64號龍駒企業大廈10樓B & D室
Tel : 852-2783 8102　　Fax : 852-2396 0050
facebook : 一代滙集　　email: gcbookshop@biznetvigator.com

版　　次／ 2023年6月初版
定　　價／ (平裝) HK$149.00　　(平裝) NT$580.00
國際書號／ ISBN 978-988-75521-7-8
圖書類別／ 1.玄學　2.風水　3.命理